AF370519

Tirso de Molina

La gallega
Mari-Hernández

Barcelona **2024**
Linkgua-ediciones.com

Créditos

Título original: La galllega Mari-Hernández.

© 2024, Red ediciones S.L.

e-mail: info@Linkgua-ediciones.com

Diseño de cubierta: Michel Mallard.

ISBN tapa dura: 978-84-1126-231-6.
ISBN rústica: 978-84-9816-509-8.
ISBN ebook: 978-84-9953-214-1.

Sumario

Brevísima presentación

La vida

Tirso de Molina (Madrid, 1583-Almazán, Soria, 1648). España.

Se dice que era hijo bastardo del duque de Osuna, pero otros lo niegan. Se sabe poco de su vida hasta su ingreso como novicio en la Orden mercedaria en 1600 y su profesión al año siguiente en Guadalajara. Parece que había escrito comedias, al tiempo que viajaba por Galicia y Portugal. En 1614 sufrió su primer destierro de la corte por sus sátiras contra la nobleza. Dos años más tarde fue enviado a la Hispaniola (actual República Dominicana), regresó en 1618. Su vocación artística y su actitud contraria a los cenáculos culteranos no facilitó sus relaciones con las autoridades. En 1625, el Concejo de Castilla lo amonestó por escribir comedias y le prohibió volver a hacerlo bajo amenaza de excomunión. Desde entonces solo escribió tres nuevas piezas y consagró el resto de su vida a las tareas de la orden.

Personajes

El rey don Juan II de Portugal
Don Álvaro de Ataíde
Doña Beatriz de Noroña
Mari-Hernández, gallega
Garci-Hernández, viejo
El conde de Monterrey
Don Egas
Caldeira
Dominga
Carrasco, serrano
Otero, serrano
Martín, serrrano
Benito, serrano
Corbato, serrano
Gilote, serrano
Vasco, serrano
Un Cazador
Dos soldados portugueses
Dos criados del Conde
Soldados castellanos
Acompañamiento del Rey y del Conde

Jornada primera

(Salen don Álvaro y doña Beatriz.)

Álvaro   De dos peligros, Beatriz,
por excusar el más grave,
se ha de escoger el menor.
¿Qué importa que el rey me mate?
Ya sé que a voz de pregones
me busca, y por desleales
condena a cuantos supieren
de mí, sin manifestarme.
El rey don Juan el segundo
de Portugal y el Algarbe,
que aunque airado contra mí,
mil años el cielo guarde,
dando a traidores orejas,
que persiguiendo leales,
quieren de bajos principios
subir a cargos gigantes,
ha cortado la cabeza
a don Fernando Alencastre,
primo suyo, y duque ilustre
de Berganza y Guimaranes,
por unas cartas fingidas,
que su secretario infame
contrahizo y entregó,
en que da muestras de alzarse
con la corona, escribiendo
a los reyes que ignorantes
de este insulto, las reliquias
destierran del nombre alarbe.
A Fernando e Isabel
digo, que a Castilla añaden

un nuevo mundo, blasón
de sus hechos alejandres.
Verosímiles indicios
no admiten en pechos reales,
cuando la pasión los ciega,
argumentos disculpables.
Andaba el rey receloso
del duque, porque al jurarle
en las cortes, cuando en Cintra
llevó Dios al rey su padre,
reparando en ceremonias,
por no usadas, excusables,
quiso según las antiguas
hacerle el pleito homenaje.
Valiéronse de este enojo
lisonjeros, y parciales
le indignaron, que en los reyes
son crímenes los achaques.
Siguiéronse cartas luego
contrahechas, que a indiciarle
bastaron con tanta fuerza,
que aunque el duque era su sangre
en évora le justicia,
sin que lágrimas le aplaquen
de la reina, hermana suya,
de sus privados y grandes.
Huyen parientes y amigos;
porque a enojos majestades
en los ímpetus primeros,
no hay, inocencias que basten.
Dos hermanos y tres hijos
van a Castilla a ampararse
de Fernando e Isabel.
¡Quiera el cielo que en él le hallen!

Al conde de Montemor
su hermano, y gran condestable
de Portugal, aunque ausente,
ha mandado el rey sacarle
en estatua, y en la villa
y plaza mayor de Abrantes
la espada y banda le quita
cuadrada, que es degradarle
de condestable y marqués,
y luego degollar hace
el simulacro funesto,
saliendo —irigor notable!—
sangre fingida del cuello
de la inanimada imágen.
Yo, que como primo suyo,
soy también participante,
si no en la culpa en la pena,
para que también me alcance,
estoy dado por traidor;
y por la lealtad de un paje,
que despreciando promesas
no temió las crueldades
con que amenazan los jueces,
dos meses pude ocultarme
en un sepulcro, que antiguo
en vida las honras me hace.
Pero ahora que estoy cierto
que el rey, declarado amante
de tu hermosura, ha venido
a esta villa a visitarte,
atropellando consejos,
perdiendo al temor cobarde
el respeto que la vida
y la honra es bien que guarde,

si desesperado no,
celoso mi agravio sale
de sí y del sepulcro triste,
asilo hasta aquí, ya cárcel.
Celos, Beatriz, poderosos
han bastado a levantarme
del sepulcro. Muerto estoy.
Bien puedo decir verdades.
Dos años ha que te sirvo,
con que haya, por adorate,
estorbos que no atropelle,
imposibles que no pase.
Con palabras y promesas
esperanzas alentaste,
que dudosas que las niegues,
hoy vienen a ejecutarte.
Ser mi esposa has prometido;
pero ya que ciega y fácil
la Fortuna, en fin mujer
firme solo en ser mudable,
levanta tus pensamientos
cuando mis dichas abate.
¡Tú, igualándote a coronas,
yo indigno, ya que me iguale
al mas rústico pastor;
tú marquesa respetable,
yo sin estados, ni hacienda!
¡Ay Beatriz! No hay que culparte
que me aborrezcas y olvides.
Gócete el rey. Muera, inhábil
de merecer tu belleza,
un conde ayer, hoy imágen
y sombra de lo que ha sido;
que cuando el rey aquí me halle,

porque de mí quedes libre,
yo gustaré que me mate.

Beatriz   Tan desacordado vienes,
que a no ocasionar tus males
a llorar desdichas tuyas,
riyera tus disparates.
Para salir del sepulcro,
donde viven las verdades
entre huesos, desengaños,
que no admitieron, en carne,
no sales con la cordura
que pudieran enseñarte
escuelas del otro siglo.
Donde no hay ciencias que engañen,
la historia del malogrado
duque vienes a contarme,
como si yo la ignorara,
cabiéndote tanta parte
a ti en ella como a mí
de lágrimas; que a enseñarte
reliquias que en lienzos viven,
bastaran a acreditarme.
Antes de haber delinquido,
en mi ofensa sentenciaste
olvidos solo en potencia.
¡Ay don Álvaro de Ataíde!
Necios jueces son los celos,
pues sus ciegos tribunales,
sin interrogar testigos,
condenan lo que no saben
aunque de lo que te imputan
enemigos criminales
inocente estés, que es cierto,

pues en ti traición no cabe,
solo la mala sospecha
que contra el amor constante
de mi pecho has hoy tenido,
hasta para condenarte;
porque donde el valor vive,
tal vez delitos amantes
son de más ponderación
que las lesas majestades.
De la triste compañía
donde vivo te enterraste,
la desazón se te pega
que muestras. No es bien me espante.
Sin estado perseguido,
sin amigos que te amparen,
sin parientes que te ayuden,
sin vasallos que te guarden,
te quiero más que primero;
que, porque al fino diamante
le desguarnezcan del oro,
no desdicen sus quilates.
Déjame pelear primero,
y cuando el contrario cante
la victoria, entonces dime
vituperios que me agravien;
que si por ser mujer yo,
temes de mi sexo frágil
banderizados empleos,
soy portuguesa, y bien sabes
que no ha habido en mi nación
ninguna a' quien los anales
que afrentas inmortalizan
puedan notar de inconstante.
Amabas presuntüoso;

pretendías arrogante;
pudo ser por las riquezas,
siempre soberbias y graves.
Y yo también pudo ser
que por ellas te estimase,
repartiendo en ti y en ellas
deseos interesables.
Ya podrás hablarme humilde,
y yo en amor mejorarme,
queriéndote por ti solo,
si tú pobre, yo constante.
Estado, hacienda y honor
la Fortuna, diosa frágil,
te quitó. Guarda la vida;
que como ésta no te falte,
sin estado, honor ni hacienda
te estimo en más que los reales
blasones que me persiguen,
y no han de poder mudarme.
Noroña soy, si él es rey;
esposa tiene a quien ame,
e ilegítimos empleos
no han de ofender mi linaje.
Raya es ésta de Galicia
si encubiertamente sales
con el favor de la noche,
amparo de adversidades,
cuando tú seguro estés,
y des orden de avisarme,
te seguiré firme yo;
que empeñando mis lugares,
y recogiendo mis joyas,
castellanas majestades,
de rigores portugueses,

tiene España que nos guarden.
Dame los brazos, y adiós.

Álvaro

Tu nombre en mármoles graben.

(Sale Caldeira.)

Caldeira

Deja agora grabaduras
para escultores y jaspes.
¡Cuerpo de Dios! Y preven
o escondrijos o gaznates,
que el rey don Juan entra aquí.

Beatriz

¡Ay, mi bien!

Caldeira

        ¿No habrá desvanes,
chimeneas, gallineros,
o un cofre en que agazaparme?

Álvaro

Ya, Beatriz, vuelven sospechas
de nuevo a martirizarme.
¡El rey de noche, y a verte,
sin tu permisión!

Beatriz

        No te halle
aquí. Tras ese tapiz
te pon; que si has de escucharle,
y lo que respondo adviertes,
yo sé que de los pesares
que me das, perdón me pidas.

Caldeira

¡Que viene, que entra, que sale!

Beatriz

Mi bien, ¿quieres esconderte?

Álvaro

   ¡Ay! ¡Quién pudiera feriarte
   la firmeza de los montes!

Caldeira

   ¡Ay! ¡Quién pudiera tornarse
   o chapín o bacinilla
   mono, papagayo o fraile!

(Ocúltanse detrás de una tapiz don Álvaro y Caldeira Salen el Rey, don Egas y acompañamiento.)

Rey

    Para divertir, marquesa,
   penas de razón de estado,
   que desleales me han dado,
   porque de mi bien les pesa,
    a vuestra villa he venido,
   y esta noche a vuestra casa.

Beatriz

   No sabéis honrar con tasa,
   pródigo habéis, señor, sido
    ilustrando estas paredes,
   donde, como vos decís,
   penas tan bien divertís,
   que en vos es hacer mercedes.

Rey

    Para que verifiquéis
   aquesa proposición,
   traigo, Beatriz, intención
   de que mañana os caséis.

Beatriz

    ¡Cómo, gran señor!

Rey

      Yo he sido
   vuestro amante; que las leyes

de amor no exceptúan reyes.
Constante habéis resistido
  mi poder y voluntad,
porque mienta la experiencia
que afirma no hay resistencia
contra un gusto majestad;
  y yo también, vuelto en mí,
cuerdo he juzgado a vergüenza
que una mujer reyes venza,
y un rey no se venza a sí.
  Soy casado, y vos doncella.
Heredad que está sin dueño
no corre riesgo pequeño,
y más heredad tan bella.
  Dueño os prevengo, en efeto;
que un marido puede tanto,
que al vasallo pone espanto,
y al rey obliga a respeto.
  El conde don Egas es
en quien los ojos he puesto,
noble, leal, y sobre esto
mi privanza. El interés
  de ser éste el gusto mío,
pienso yo que bastará
a que os obligue quien da
muerte así a su desvarío.

Beatriz Quien de sus propias pasiones
sabe salir vencedor,
bien merece, gran señor,
hipérboles por blasones;
  que, en fin, no reinaba bien
cautiva la voluntad.
Doyle a vuestra majestad

mil veces el parabien
    del discreto desempeño
con que el alma ha libertado,
y yo se le hubiera dado
a mi dicha por el dueño
    que su mano me ha ofrecido,
si no sintiera bajar
de más a menos y dar
pena a un amor ofendido.
    Que puesto que fue el honor
resistencia poderosa
contra el alma que piadosa
estimaba vuestro amor;
    ya en mí se habían engendrado
de vuestros reales empleos,
reales también los deseos,
y dentro en mí un real estado;
    que negándoos exteriores
permisiones el honor,
estimaban vuestro amor
pensamientos interiores.
    Y con afecto amoroso,
cuando el amor resistía,
dentro del alma os tenía
por mi legítimo esposo;
    pues con tales fundamentos,
no era mucho conservar
el cuerpo libre, y gozar
casados sus pensamientos.
    Mas pues burlados los hallo,
no será conforme a ley
que quien fue esposa de un rey
lo venga a ser de un vasallo.
    Ni a vos os puede estar bien

que en ofensa de los dos,
hombre que es menos que vos,
goce a quien quisistes bien.

Rey

    ¿Vos me habéis querido a mí?

Beatriz

Dentro del alma os llamaba
esposo, y os adoraba.

Rey

Creyera yo ser así
  a no venir advertido
de que es mi competidor,
marquesa, un conde traidor
por vos a un rey preferido.
  Mirad como haré caudal
del amor que me tenéis
interior, si posponéis
a un rey por un desleal;
  que yo de nuevo agraviado
deslealmente por los dos,
si como confesáis vos,
de esposo nombre me han dado
  pensamientos ya violentos,
pues a un traidor dan lugar,
bien podré en vos castigar
adúlteros pensamientos,
  y en él la injuria que pide
quien dueño vuestro se llama
pues me ofende en reino y dama
don Álvaro de Ataíde.

Beatriz

    Señor...

Rey

        ésta es la verdad.

A informaciones ya hechas
y probadas, no hay sospechas
que ofusquen su claridad.
  Don Álvaro huyó a Castilla
con los demás desleales,
cuyas ambiciones reales
aspiraban a mi silla.
  Correspóndese con vos,
y en la raya de Galicia,
Beatriz, vuestro estado, indicia
muchos cargos contra vos.
  Para que de ellos quedéis
libre, y Portugal seguro,
hoy desposaros procuro.
Conde os doy. Si le perdéis...

Beatriz
    Que un amante celos pida,
con buena o mala ocasión,
por ser la mejor sazón
de amor, cosa es permitida;
  pero un marido a su esposa,
en culpa no averiguada,
y menos que con la espada,
siempre fue acción afrentosa.
  Sabiendo pues que le llama
esposo mi voluntad,
no hace vuestra majestad
bien en ofender su fama;
  pues culpando mis intentos,
ya el ser mi esposo ha acetado,
cuando me atribuye airado
adúlteros pensamientos.
  Y siendo así, mis cuidados
que en tan mal crédito están,

desde ahora llorarán
pensamientos mal casados;
   que yo en fe de que tenía
dentro el alma un dueño rey,
por ser esposa de ley,
con tal presunción vivía,
   que no a don Álvaro que es,
aun cuando fuera leal,
a mi altivez desigual
al príncipe portugués,
   que es sucesor vuestro en fin,
juzgara, cuando me amase,
indigno de que aun besase
la suela de mi chapín.
   Perdone este atrevimiento
vuestra majestad, señor;
que pierde el respeto amor
cuando está con sentimiento.
   Yo tengo el alma empleada
en un rey, de quien mujer
se llama, y no puede ser
con dos a un tiempo casada.
   Ponga en Cháves guarnición,
por ser de Galicia raya,
si es justo que de mí haya
tan poca satisfacción;
   y excuse así sus combates,
dándome licencia a mí;
que dirá, si estoy aquí,
mi agravio mil disparates.

(Éntrase por el tapiz detrás del cual están ocultos don Álvaro y Caldeira. Va
el Rey a detener a la marquesa Beatriz y tirando del tapiz, quedan descu-
biertos los dos escondidos.)

22

Rey   Esperad. ¡Traidor! ¿Qué es esto?

Caldeira (Aparte.) (Tramoya que salió mal.)

Rey   Matadme ese desleal.

Álvaro   Bien ese nombre me ha puesto.
 Si es el que tienes al lado,
falseador de firmas fieles,
que como mata en papeles,
y no viene acostumbrado
 al acero en quien se suma
el valor no lisonjero.
Cobarde por el acero,
solo es valiente por pluma.
 Con ella sí que hará alarde
de hazañas que un rey premió;
pero con la espada no;
que el traidor siempre es cobarde.

Egas   Mi lealtad, que es conocida,
cual tu traición confirmada,
confirmará aquesta espada.

(Echan mano los tres.)

Álvaro   La color tienes perdida,
 y ella quién eres declara;
que para que te convenza,
tuvo tu sangre vergüenza
de desmentirte en cara.
 No es bien que mi acero afrente,
cuando en ti mancharse duda;

que el leal no le desnuda,
teniendo a su rey presente.
   Para ti de aqueste modo
basta y sobra.

(Dale un golpe con la espada envainada, y vase.)

Caldeira *(Aparte.)*   (¡Oh, cómo pegas!)
Por esto, hermano Don Egas,
se dijo: «Con vaina y todo».

(Vase Caldeira.)

Rey   Seguidle, matadle. ¡Ah cielos!
Pero no le alcanzarán
cobardes, si no es que van
volando tras él mis celos.

(A don Egas y otro Caballero.)

                    Quede en prisión la marquesa,
y en guarda suya los dos.

(Vase el Rey.)

Beatriz *(Aparte.)*   (Álvaro, si os libráis vos,
¿qué importa morir yo presa?)

(Vanse todos. Salen Carrasco y Otero, encima de las peñas y mirando adentro.)

Carrasco   ¡Aquí de la serranía!
¡Aquí a la hoya, ahao a la hoya!

Otero

Serranos, aquí fue Troya.
No quede lobo este día

Carrasco

¡Ah cuerpo de non de Dios!
¡Habíades de caer!

Otero

No hay son matar y comer.

Carrasco

Como burros son los dos.

Otero

Viva la gala, serranos,
del valle de Limia.

(Voces dentro.)

Voz

¡Viva!

(Salen Martín, Benito, Corbato y Gilote, saliendo por el proscenio.)

Carrasco

¡Ah del valle!

Benito

¡Ah, de allá arriba!

Otero

¡A los llanos!

Todos

¡A los llanos!

Martín

¡Eso sí, gritar y dalle!
La voz tenéis de codicia.

Carrasco

Al paraíso de Galicia.
¡Serranos, al valle!

Todos

¡Al valle!

(Bajan de las peñas Carrasco y Otero.)

Gilote   ¡Famosa presa, Carrasco!

Carrasco   Cual de pies, cual de cogote,
                          cayeron lobos, Gilote,
                          que es contento.

Otero   Del peñasco
                          se despeñó un jabalín.

Benito   Salve y guarde.

Otero   Bien venido.

Benito   Catorce diz que han caído.

Carrasco   Llególes su San Martín.

Benito   Diez jabalíes, seis venados,
                          tres zorras y tres garduñas.

Gilote   No les valieron las uñas.

Benito   Vengáronse los ganados.

Otero   ¡Ojalá que en esta sierra
                          hiciéramos otro tanto
                          de los jodíos que el santo
                          reye de España destierra!

Carrasco   Si, Fernando e Isabel
                          rayos de jodíos son.

Otero
De la santa esquinación
huye esta canalla infiel,
    y se nos acoge acá.

Gilote
De la inquisición diréis.

Otero
Sí, vos que leer sabéis,
acertaréis.

Benito
            Gil sí hará.

Otero
    Un comisón ha venido
en su busca...

Gilote
                    Comisario
se llama.

Otero
            Y un calendario
de los reyes ha traído,
    que le nombran procesión...

Gilote
Provisión.

Otero
                Para prendellos,
y andamos a caza de ellos,
Carrasco, que es bendición.

Benito
    Disfrázanse entre nosotros,
que ni los conocerá
un zahoril.

Otero
            Yo topé ya,
aunque se metan entre otros

una famosa invención
con que conocerlos luego.

Gilote

¿Y es?

Otero

   A la nariz les llego
un pedazo de jamón;
  y el que es cristiano echa el diente,
y el que no, las tripas echa.

Carrasco

¡Oh qué maldita cosecha!
¿Qué no cree en Dios esta gente?

Gilote

  No.

Carrasco

   Yo en la romana igreja
creo.

Benito

  Con ella me avengo.

Otero

Serranos, a eso me atengo;
que es, en fin, cristiana vieja.

Benito

  Como tien Castilla guerra
con Portugal tanto há,
los fronterizos de acá
habitamos en la sierra.
  Ni hay tiempo para prendellos.

Gilote

Todos, poquito a poquito
se mos van allá bonito.

Otero

Allá se lo hayan con ellos;
  que acá haremos entre tanto

lo que nueso amo nos manda,
que es andar en su demanda.

Martín   Es buen cristiano.

Gilote   Es un santo.

Otero   ¿Garci-Hernández? No hay viejo
desde Limia a Monterrey
de mas virtúd ni mas ley.

Benito   ¿Y su hija?

Carrasco   Ésa es espejo
de Galicia.

Corbato   Déle Dios
un marido del tamaño
de aquel nogal o el castaño
que tenéis a par de vos.

Carrasco   Hoy cumple años.

Gilote   Y hoy festeja
de su padre el alegría
a toda la serranía.

Benito   Viva un sigro, y nunca vieja.

Otero   Par Dios, que cuando la veo,
de manera me enberrincho,
que como rocín relincho.

Carrasco   ¡Mas arre allá!

Martín

            Yo babeo
siempre que la llego a habrar.

Carrasco

Todo un Sol tiene en la cara.

Otero

A fe, si ella se pagara
de tirar, correr, luchar,
  que ella huera presto mía.

Benito

Eso no, donde estoy yo.

Otero

¿Vos conmigo?

Benito

          Yo, que só
gala de esta serranía.

Otero

     ¡Mas nonada!

Benito

        Para vos.

Otero

Benito, callá, vos digo.

Benito

¿Pues lucharéis vos conmigo?

Otero

Con vos y con otros dos.

Benito

   ¿Qué ha de ir?

Otero

        Vaya una cabra.

Benito

Par Dios, vayan dos y aun tres.

Otero

Idas son.

Benito   Desnudaos pues.

Gilote   Teneos.

Otero   Nadie habre palabra,
porque un hombre con colera
derriba un toro, Gilote.

Benito   Quitaos el sayo y capote.

Otero   Ya le quitan.

Corbato   Ropa huera,

(Quítanle los sayos, y déjanselos a un lado.)

                       que todos seremos jueces.

Carrasco   Este soto es buen lugar.

Otero   Par Dios, que habéis de llevar
hoy un pan como unas nueces.

(Luchando Benito y Otero van retirándose hasta salir del teatro siguiéndolos
los otros serranos. Salen don Álvaro y Caldeira.)

Álvaro   Caldeira, ésta es Galicia.
No vive en estas sierras la malicia
de envidias y traiciones,
de lisonjas, engaños y ambiciones.
Los que en mi busca vienen,
aquí jurisdicción ni ayuda tienen.

Caldeira   Asperilla es la tierra.

Álvaro   Es de Laroco esta empinada sierra,
                  y Limia este florido Valle,
                  que es guarnición de su vestido,
                  por fértil estimado;
                  el de Laza, que yace a estotro lado,
                  ameno se avecina
                  al val de Monterrey, con quien confina.
                  Cinco leguas de Chaves·
                  dista este monte.

Caldeira   Bien la tierra sabes.

Álvaro   Fue el conde gran mi amigo,
                  de Monterrey, y discurrió conmigo,
                  cazando, varias veces
                  su aspereza, ya a costa de los peces
                  de sus aguas, que hay muchas
                  habitación de celebradas truchas;
                  ya en jabalíes cerdosos
                  ensayando venablos, y ya en osos.

Caldeira   Si es tan tu amigo el conde,
                  vamos a Monterrey.

Álvaro   No corresponde
                  con la amistad pasada
                  la presente.

Caldeira   ¿Por qué?

Álvaro   La guerra airada
                  lo descompuso todo.

Sirvió a su rey, y yo del mismo modo
leal sirviendo al mío.
Paró nuestra amistad en desafío.
En la infeliz batalla
de Toro, que si quiere celebralla,
como es razón, Castilla
puede con mil ventajas preferilla
a la de Aljubarrota,
quedamos enemigos.

Caldeira   Pues acota
rancho en que descansemos;
que cinco leguas caminado habemos
a pata, huyendo espías,
y a Bercebú se dan las tripas mías.

Álvaro   Si aquestos montañeses
alcanzan a saber que portugueses
somos los dos, no estamos
seguros de sus manos.

Caldeira   Pues, buyamos.

Álvaro   ¿Dónde? Hasta ver si es cierto
que la marquesa mi esperanza ha muerto
y al rey don Juan adora,
como dijo...

Caldeira   Por Dios, que estás ahora
con linda sorna. Acaba.

Álvaro   ¿No dijo al rey la ingrata que le amaba,
gozando sus cuidados
pensamientos de amor, con él casados?

Caldeira   No sé, por Dios; yo vengo
                    con más hambre que amor, y te prevengo
                    que socorras desmayos.

(Reparando en la ropa de Otero y Benito.)

                    Dos capotes son éstos y dos sayos.

Álvaro   Espera; que con ellos
                    temores excusamos.

Caldeira   Si a traellos
                    te aplicas, con su traje
                    no dice mal el portugués lenguaje
                    pues se distingue poco
                    de la lengua gallega.

Álvaro   De Laroco
                    las sierras, que son éstas,
                    entre antiparas pobres, mal compuestas,
                    habitaré entre tanto
                    que salgo del celoso y ciego encanto
                    en que el Amor me puso.
                    De aquí a mi ingrata avisaré confuso,
                    Disfrázate tú y todo.

Caldeira   Entre aquellos castaños me acomodo;
                    que si su dueño sale
                    por su ropa, querrá lo que no vale.

Álvaro   ¿Por qué se habrán dejado
                    los vestidos aquí?

Caldeira

Si se han picado
con el calor molesto,
querrán echar al agua todo el resto.

Álvaro

Aquí el Tamaga baña
apacible los pies de esta montaña.
No dices mal.

Caldeira

Addío.
Esconderé en aquel lugar sombrío
los trajes cortesanos,
porque pasemos plaza de villanos.

Álvaro

Caldeira, vuelvo luego.

Caldeira

Par Dios, que de esta vez quedas gallego.

(Vase Caldeira.)

Álvaro

Cansancios pesadumbres
alientan la fuerza al sueño.
Entre tanto que risueño
guarnece el Sol estas cumbres,
quiero dar pruebas a enojos,
y desmentir mis cuidados;
que si atormentan soñados,
no es a costa de los ojos.

(Échase a dormir. Salen arriba, por las peñas, Dominga y Mari-Hernández
con vestido y tocado a lo gallego.)

María

Hoy, Dominga, que cumpro años,
padre os quiere festejar.

Dominga   Tantos llegues a contar,
               como hojas estos castaños;
                 al Sol te saquen tus nietos
               en una espuerta.

María   ¡Merá!
               ¿Y qué he de her con tanta edá,
               si enfadar a los discretos?

Dominga   Deseo que a sigros llegues.

María   ¿Hay más aborrible cosa,
               que una vieja que hué hermosa,
               la cara llena de priegues,
                 y aojando con la vista?
               Dominga, morir me agrada
               moza, y de todos llorada,
               mejor que vieja y mal quista.

Dominga   Discreta eres hasta en eso.
               Baja con tiento; no cayas.

María   Mientras que del valle trayas
               juncia, retama y eantueso,
                 para enramar el portal
               donde la cena ha de ser,
               claveles quiero coger,
               con madreselva.

Dominga   ¿Y qué tal
                 la hallarás par de la huente
               dell olmo?

María   Por ella bajo.

Dominga
      Yo, echando por este atajo,
      vó a ver si vuelve la gente
        que hue a traernos despojos
      de lobos, pues que los has
      convidado.

María
            ¿Y dó podrás
      hallarlos?

Dominga
            Hacia los tojos.

(Vase Dominga, y salta Mari-Hernández de las peñas abajo. Don Álvaro queda dormido.)

María
      Ya yo la cuesta he bajado.
      Carcajadas da de risa
      la huente que bulle aprisa.
      ¡San Gil! ¿qué hombre está aquí echado?
        Desde la cintura arriba
      es pastor, y lo que queda,
      está vestido de seda.
      A sabor duerme. ¡Y que viva
        un hombre, y parezca muerto
      no tenéis vos mucho amor,
      pues dormís tan a sabor,
      ni os penan deudas despierto.
        éste será algún jodío
      de los que andan a prender,
      porque no quieren comer
      tocino! ¡Qué desvarío!
        Yo quiero dar hoy venganzas
      a la igreja y sus enuestos;
      que quien mata alguno de estos

diz que gana perdonanzas.
Esta media lancha tomo.

(Toma una piedra y súbese en una peña bajo la cual está echado Don
Álvaro.)

Y desde aqueste repecho,
a dos manos se la echo
sobre la cabeza a plomo;
    y de un golpe, si no yerro,
a nuestra ley doy socorro,
y a nuestro jodío ahorro
de dolor, cura y entierro.
    Allá va. Manos, teneos;
que en tan buena catadura
no puede haber judaizura;
que los jodíos son feos.
    ¡Válgate Dios por dormido!
¿Qué has hecho en mi corazón?
En mi vida vi garzón
más apuesto y más garrido.
    En sueños me ha quillotrado
el pecho. ¡Ay sosiego mío!
Sotil ladron sois, jodío,
pues ell alma me heis robado.
    Mas ¿para qué llamo robo
lo que yo le di primero
de grado? Llamarle quiero.
(A voces.)   ¡Guarda el lobo! ¡Guarda el lobo!

(Despertando alborotado don Álvaro.)

Álvaro   Lobos ¿qué mal me han de hacer,
si soy portugués?

María   Tente, hombre;
que me ha espantado ese nombre.

(Coge una piedra.)

Álvaro   ¿Qué es de los lobos, mujer?

María   Téngase allá.

Álvaro   Una cordera
he visto en vez de los lobos.

María   Así engañan a los bobos.

Álvaro   ¡Ay cielos!

María   Téngase ahuera.

Álvaro   ¡Qué peregrina hermosura!

María   A fe que dormís de espacio.

Álvaro   A ser la sierra el palacio,
donde no hay quietud segura,
    con menos gusto durmiera.

María   ¿Tiene enemigos allá?

Álvaro   Nadie sin ellos está.

María   ¿Y duerme de esa manera?

Álvaro   En esta montaña yerma,

¿qué temor no se asegura?

María

Pues acá nos dice el cura,
que quien los tiene, no duerma.

Álvaro

Sentencia de sabio es ésa.

María

Yo de un golpe, a no llamarle
con la muerte pude darle
la losa para la huesa.

Álvaro

¿Pues heos ofendido yo?

María

Si es jodío, claro está.

Álvaro

Fijodalgo soy.

María

¿Verdá
que no es judaicero?

Álvaro

No.

María

¿Cree en la igreja romana?

Álvaro

Su culto obedezco santo.

María

Pues si es ansí, suelto el canto.

(Arrójale.)

Álvaro (Aparte.)

(¿Hay mas donosa serrana?)

María

Hombre parece de bien.
Ya le voy perdiendo el miedo.

¿Sabe el credo?

Álvaro

        Bien sé el credo

María

¿Y el padre nueso?

Álvaro

          También.

María

 ¿Y persinarse?

Álvaro

     ¿Pues no?

María

A ver, veamos.

Álvaro (Aparte.)

     (¡Qué extraña
sencillez!)

María

     ¡Mas que me engaña!

Álvaro

Mi sangre no permitió
  ningun error tu herejía,
porque es limpia, ilustre y clara.

María

Ansí lo dice su cara;
mas yo, miéntras él dormía,
  por matar un renegado,
tomé la lancha que enseño;
que para matar, el sueño
ya se tien lo mas andado.

Álvaro

  ¿No bastaban vuestros ojos?

María

(Barbinegro es el garzón,
y fidalgo; que acá son

los jodíos barbirojos.)

Álvaro   ¿Vos quisistes darme muerte?

María   A ser jodio, si hiciera.

Álvaro   Pues si gustáis que yo muera,
no os arméis de aquesa suerte.
   En los ojos tenéis flechas,
que los corazones pasan.
Palabras decís que abrasan
de amores y de sospechas.
   ¿Para qué venís cargada
de piedras, si me mató
el veros?

María   Por sí o por no
no era mala una pedrada.

Álvaro   Vos dais muerte; ese Sol ciega
el alma, a quien vida dais
matando. ¿Cómo os llamáis?

María   Mari-Hernández, la gallega.

Álvaro   Bien haya aquesta aspereza,
que os puede ver cada día.
Este arroyo y fuete fría
cristal de vuestra belleza;
   las aves que os lisonjean,
el prado que os rinde flores,
el pastor que os dice amores,
las almas que en vos se emplean,
   el luto que en vos se hechiza,

la libertad presa en vos,
y yo que os he visto...

María   ¡Ay Dios!
¡Qué bien que lo sermoniza!
(Aparte.)   (Ya no quedo de provecho.
Después que vi este garzón
saltos me da el corazón;
cosquillas tengo en el pecho.
    ¡Válgame Dios! ¿Qué será
lo que siento?)

Álvaro   En esta mano
(Tómasela y la besa.) pierdo el seso, el gusto gano.

María   El diabro le trujo acá.
                Pues ¿bésala?

Álvaro   Si me quemo,
¿qué he de hacer por sosegar?

María   ¿No hay son llegar y besar?
Paso. Dochovos a o demo.
                ¿Es mi mano la del cura?

Álvaro   Sí, pues cura es de mi mal.
¿Tiene tal vez el cristal,
ni la nieve tal blancura?
    Cortesanos artificios,
cuyas manos blancas son
mártires del jabón,
o del sebo sacrificios,
    aprended en la belleza
que aquí el descuido reparte,

la ventaja que hace al arte
la pura naturaleza.
   Dime, ¿con qué se repara
la pura luz que me das?

María   Lleve el dimuño lo más
que una poca de agua clara.
   Mas ¿dó vais vos por aquí,
de esa manera perdido?

Álvaro   A ver mi muerte he venido.

María   ¿Buscáis a quien servir?

Álvaro   Sí.

María   ¿Sabréis her carbón?

Álvaro   Si el fuego,
serrana, ese oficio enseña,
abrasado estoy.

María   De leña
digo.

Álvaro   Cuando a vos me llego,
   leña soy. ¡Ay, manos mías!
Vosotras ¿no me encendéis?

María   ¡Ah hi de pucha! ¡Qué sabéis
de chanzas y roncerías!
   ¿Queréis servir a mi padre?

Álvaro   Y daros el alma a vos.

María   No hay mandones si los dos;
que ya se murió mi madre.
 ¿Cuánto ganáis de soldada?

Álvaro   De soldada gano un Sol
que adoro, en cuyo arrebol
está mi alma a soldada;
 mas ¿qué ganará un perdido
que por vos sin seso está?

María   Al que más, le dan acá
seis ducados y un vestido.
 Si queréis, vamos a casa
que yo con mi padre haré
que os reciba.

Álvaro   No podré,
María, con tanta tasa
 vivir, si algo no añadís.

María   ¿Y será?

Álvaro   Serrana mía,
una mano cada día.

María   ¡Mas matarla!

Álvaro   ¿Qué decís?

María   Que mi padre os la dará.

Álvaro   No ha de ser, serrana bella,
sino ésta.

(Tomándosela.)

María   ¿Y qué heis de her con ella?

Álvaro   Besarla.

María   ¿Pues dónde habrá
                          manos para cada día?

Álvaro   Dos que remudar tenéis.

María   Caro servís.

Álvaro   ¿Qué queréis?

María   Soltad.

Álvaro   ¡Ay gallega mía!
                          (Beatriz, si de mis desvelos
                          fuiste causa y te has mudado,
                          ya en estas sierras he hallado
                          contrayerba de tus celos.)

María   Ya sois de casa.

Álvaro   Soy vuestro.

María   Hablemos a padre.

Álvaro   Vamos.

María (Aparte.)   (Alma, en que entender llevamos.)

Álvaro (Aparte.)   (Amor, sed vos mi maestro.
                          Enseñadme a hacer carbón.)

(Toma la mano a María y bésasela.)

María   ¿Qué hacéis?

Álvaro   Cobro mi soldada.

María   ¿Tan presto?

Álvaro   Va adelantada

María   ¿Con beso?

Álvaro   Sí.

María   ¡Ay besucón!

                          Fin de la primera jornada

Jornada segunda

(Salen Dominga y Caldeira.)

Caldeira

Yo pasaba a Santiago
desde Francia, peregrino;
robáronme en el camino
los vestidos y un cuartago
　en que un compañero y yo
descansábamos a ratos,
llevando sobre él los hatos
y alforjas. Él se quedó
　en la posada desnudo;
yo, de medio arriba Adán,
sobre el puro cordobán
un calzón de lino crudo.
　Hallé sin dueño este sayo
aquí y dije, no tan triste:
«También a los pobres viste
como a los campos el mayo.»
　Caminaba, hecho un cacique
por entre matas y tojos;
escondiéronse los ojos,
cada cual tras el tabique
　de los párpados; tendíme,
por dormir mas a mi salvo,
al pie de un peñasco calvo,
casa de monte sublime;
　y soñando en mis pecados,
me pareció que llegaban
y en volandas me llevaban
dos demonios corcobados.
　Desperté, haciéndome cruces,
cuando en su cama encarnada

la última boqueada
daba el día entre dos luces.
　　Víte encima de esa loma
decir, alzando la voz:
«Hene, hene, hene, arrangoroz.»
Y no entendiendo el idioma
　　de gallegos desaliños,
vi acercarse en escuadrones,
gruñendo, suegras lechones,
que aquí llaman vacoriños.
　　No supe yo que juntaban
los cochinos de este modo
en Galicia. Temblé todo
pensando que me agarraban;
　　quise huir; no supo el miedo;
desmayéme, y tú piadosa,
entre rolliza y hermosa,
a medio engullir un credo,
　　fuiste mi segundo cura,
bautizándome otra vez.
Volví en mí, miré la tez
de esa gallega hermosura;
　　y aunque nunca tuve cuyo,
como el alma te rendí,
por andar siempre tras ti,
quisiera ser puerco tuyo.

Dominga　　　　Si vos, el hechizador,
lo sentís como lo habráis,
a buen puerto vos llegáis;
que a la fe que os tengo amor.
　　No lo saben sermonear
los de acá tan a lo miel;
quizás lo hace el buriel,

o el carrasqueño manjar.
    Mas vos, aunque carichato,
en cada ojo socarrón,
tenedes, si hechizos son,
dos varas de garabato.
    Yo sirvo al mejor serrano
que toda la Limia tien;
es rico, y home de bien,
y cinco ducados gano.
    Siete da a cada vaquero;
si él os recibe y conoce,
siete y cinco serán doce.
Juntaremos el dinero;
    haremos hucha yo y vos.
Diez años le serviremos.
La alcancía quebraremos
a los diez años los dos.
    A doce ducados, son
diez años, sí bien lo cuento...
Diez a doce... veinti ciento;
que será lindo pellón.
    Compraremos vacoriños,
que los gallegos son bravos,
un prado en que sembrar nabos,
diez cabras y dos rociños;
    cogeremos ya el centeno,
ya la boroa, ya el millo.
¡Buen pan éste aunque amarillo,
sano el otro, aunque moreno!
    Gallinas, que con su gallo
mos saquen cada año pollos;
manteca de vaca en rollos;
seis castaños, un carvallo;
    una becerra y un buey;

y los diez años pasados,
podrá envidiarnos, casados,
el conde de Monterrey.

Caldeira   ¡Diez años!

Dominga   Pues ¿por qué no?

Caldeira   ¡Diez años, y sin rascar!
¡Diez años! Será rabiar.

Dominga   ¿Mondaré nísperos yo?

Caldeira   ¿Cómo te llamas?

Dominga   Dominga.

Caldeira   Mi fiesta de guardar eres.
Si a lo prestado me quieres,
tu esclavo soy; ata y pringa.
  Ya estarás golosmeada...
mas dudar en esto es yerro.
¿Pasaste la cruz del Ferro
que vendrás desojaldrada?
  ¿No has querido a nadie?

Dominga   ¿Yo?
Soy, por vida de mi padre,
tan virgen como mi madre
me parió.

Caldeira   Deja el «parió»
  y a lo primero te llega;
pues ya sé yo, aunque, porfías,

que son muchas gollorías
pedir doncellez gallega.

Dominga ¿Cómo es tu nombre?

Caldeira Godiño.

Dominga ¡Ay mi Godiño pachón!
(Dale en la barba.) Encaja.

Caldeira ¿Soy tu lechón?

Dominga No eres si mi vacoriño.

(Suena música.)

Caldeira ¿Qué es esto?

Dominga Hay fiesta en el valle.

Caldeira ¿Pues por qué?

Dominga Cumpre años hoy
la serrana de quien soy
criada, el más lindo talle
que toda Galicia tien;
y su padre, que la adora,
convida a la sierra agora.
Vamos... Mas nueso amo vien
con sus serranos.

Caldeira En fin,
¿hay hoy fiesta?

Dominga   Y colación.
                        ¿Bailas?

Caldeira   Como un Salomón...
                        digo como un matachín.

Dominga   Todo es uno.

Caldeira   ¿Y tú?

Dominga   En el aire
                        doy mil vueltas.

Caldeira   ¡Ay chancera!

Dominga (Aparte.)   (¡Qué en tan mala cara hubiera
                        tan quillotrador donaire!)

(Salen María, Garci-Hernández, y don Álvaro.)

García   En casa, garzón, estáis.
                        María pide por vos.

Álvaro   Viváis mil años los dos.

García   Consuelo en veros me dais.
                           ¿Sabréis arar?

Álvaro   En la huebra
                        no doy a nadie ventaja,
                        y por agosto la paja
                        que el trillo empedrado quiebra,
                          del grano aparto, amarillo.

García

Los gallegos al limpiallo,
robustos juegan el mallo
y menosprecian el trillo.

Álvaro

De todo sé lo que basta.

García

¿Cómo os llamáis?

Álvaro

Yo, Vireno.

García

Para vaquero sois bueno.

Álvaro

Eso me viene de casta.

García

Vaquero seréis.

María

Ya llega
el baile.

García

Asentemonós.

(Hablan aparte don Álvaro y María.)

Álvaro

¿Qué no seré yo por vos,
Mari-Hernández la gallega?

(Salen Carrasco, Martín, Benito, Corbato, Gilote, y otros serranos, y serranas por un lado; por el opuesto el Conde de Monterrey y acompañamiento.)

Conde

Razón, García, fuera
que en vuestra fiesta yo parte tuviera,
si no por conde vuestro
por vecino a lo menos.

García   Señor nuestro,
regocijos serranos
no son para tan grandes cortesanos.
La mano vitoriosa
nos dad.

Conde   Alzad, alzad. ¿Quién se desposa?

García   Nadie, señor; María
mi hija, y vuestra esclava, aqueste día
cumple años, y festejo
la sierra, remozándome, aunque viejo,
amor en fin de padre,
que en ella ve la imagen de su madre.

Conde   Hermosa estáis, María.
No sé qué aguarda en darnos un buen día
Vuestro padre espacioso;
que ya vuestra belleza pide esposo.
¿Cuándo os casáis?

María   ¿Qué manda?

Conde   Que es bien daros marido.

María   Ya se me anda.

García   Pues, señor, ¿qué venida
es ésta? Mas quien sabe vuestra vida
o en guerras ocupada,
o en cazas de la paz ejercitada,
no pregunta discreto.

Conde   A negocios me envían de respeto

nuestros reyes, García,
que concluír con Portugal querría.
Por esto me he pasado
tan cerca de vosotros, que olvidado
mi Monterrey, habito
a Portela, castillo del distrito
de esta sierra.

García   Debemos
gracias al rey Fernando, pues tenemos
tal señor por vecino
a causa suya.

(Hablan aparte don Álvaro y Caldeira.)

Álvaro   Pues el conde vino,
Caldeira, a coyuntura
que pueda conocerme, no asegura
mi peligro este traje.
Quiérome retirar; que será ultraje
el verme de esta suerte.

Caldeira   El conde es noble; no importara el verte
cono no se siguiera
que el rey don Juan de ti nuevas tuviera.

Álvaro   En esto me resuelvo.

María   ¿Vaisos?

Álvaro   Sí.

María   ¿Pues el baile?

Álvaro   Luego vuelvo.

(Vase don Álvaro.)

Conde   No sea yo, García,
                 estorbo en vuestra fiesta y alegría.
                 Prosígase, si es justo
                 que participe yo de vuestro gusto.

García   Alto; pues quiere honrarnos
                 su señoría, no hay por qué excusarnos.
                 Siéntese en este escaño,
                 que a falta de nogal, es de castaño.

(Siéntase el Conde.)

Conde   Y vosotros y todo.

García   No, señor; bien estamos de este modo

Conde   Ésta es voluntad mía.

García   Obedecer.

(Siéntanse García y María Hernández.)

Conde   ¿No ha de bailar María?

María   ¿Quién duda, si él lo manda?

Conde   Ruégoslo yo.

María   Pues llegará mi tanda.

(Habla María-Hernández aparte con su padre García y Dominga.)

        ¡Qué apacible!

García   Qué llano!

María   Es conde.

García   Es Acebedo.

Dominga   Es castellano.

(Bailan los serranos y serranas. Canta Dominga.)

Dominga   «Cando o crego andaba no forno
ardéra lo bonetiño e toudu.
Vos si me habés de levar, mancebo,
¡Ay! non me habedes de pedir celos.
Um galan traye da cinta na gorra;
diz que lla deu la sua señora.
Quérole bem a lo fillo do crego;
quérole bem por lo bem que le quero.
¡Ay miña mai! Passaime no río;
que se levam as agoas as lirios.
Assenteime em um formigueiro;
Docho a o demo lo assentadeiro.»

(Óyense tiros de armas de fuego. Sale Otero.)

Otero   ¡Nueso amo! ¡Aquí de la sierra!
¡Aquí del valle de Limia!
¡Aquí de Dios y del Rey!

García   Otero, ¿qué es esto?

| Otero | Aprisa; |

que vienen contra nosotros
los portugueses que habitan,
desde Chaves a Braganza,
las comarcas fronterizas.
Una mujer huye de ellos
—mejor diré rayo— encima
de un caballo, que en los aires
estampa huellas que pisa.
Socórrala, señor conde;
que las balas que le tiran,
entre nubes de humo y fuego
llueven, si no es que granizan.

(Desde adentro, como que está lejos.)

| Beatriz | ¡Serranos de estas montañas!
¡Favor, ayuda! |

| Egas | La vida
te ha de quitar esta bala. |

| Otero | ¡Aquí de la serranía!
¡Que se pasa Portugal
a las sierras de Galicia! |

| García | ¡A ellos, pues, mis serranos! |

| Carrasco | ¡Traigan chuzos, mallos, vigas! |

| Conde | ¡Hay igual atrevimiento! |

| García | Esto es, señor, cada día. |

(Dentro, ya más cerca.)

Beatriz   ¡Favor, montañeses nobles!

García   Lijera dejó la silla
                   la animosa portuguesa,
                   y a nosotros se avecina.

Conde   Bajemos a darle ayuda.

García   El celo que trae, la libra
                   de tanto arcabuz.

Dominga   Ya llega
                   al piede nuesa montiña.

(Sale doña Beatriz, de corto, una espada desnuda en la mano, un tahalí, y en
él una pistola, mucha pluma en el sombrero, y un gabán de tela.)

Beatriz   Serranos de esta aspereza,
                   conservación de la antigua
                   nobleza, de quien descienden
                   tantas casas de Castilla...
                   ¡Ilustre Conde...!

Conde   ¡Marquesa!
                   ¿Qué desgracias os obligan
                   a que honrando nuestros montes,
                   crezcáis con ellos mis dichas?

Beatriz   Ya no las tendré por tales,
                   pues en vuestro amparo olvidan
                   injustas persecuciones

de la ambición y la envidia.
Desleales que disfrazan
con apariencias fingidas,
que al rey venden por verdades,
testimonios y mentiras,
Cómplice, señor, me han hecho
de inocentes, que castigan
a persuasión de traidores,
autores de falsas firmas.
Mandóme prender el rey,
y a un don Egas, en quien cifra
el poder de su privanza,
a darle me necesita
palabra y mano de esposa.
Yo, que por no ver cautiva
la prenda mejor del alma,
menospreciaré la vida.
Con favor de la lealtad
de vasallos, que en mi estiman
el valor que el rey desprecia,
me dieron la noche misma
de mi prisión un caballo
y, hechas las sábanas tiras,
quiebran rejas y ventanas,
y generosos me libran.
Discurrí toda la noche
a su sombra que encamina
los pasos a mi inocencia,
hasta que publicó el día,
revelador de secretos,
mi fuga, y forzó a la ira
de un traidor, que priva, amante
a que con otros me siga.
Alcanzáronme a la raya

de este reino; y a la vista
la traición de mi lealtad.
Viendo que el cielo la libra,
para que el paso me atajen,
ministros de plomo envían;
que en tribunal de venganzas
son varas de su injusticia.
Desvaneciólas mi suerte,
y de las sierras de Limia,
viendo mi sagrado cerca,
vergonzosos se retiran.
Ésta es, gran conde, mi historia
si desdichada por mía,
ya tan dichosa por vos,
que mis agravios olvida.

Conde A vuestros sucesos queda
nuestra tierra agradecida,
y yo más, que me ocasiona,
señora, a que en ella os sirva.
No echéis menos vuestro estado,
mientras el tiempo averigua
verdades que permanecen
eternas, si perseguidas.
Haced cuenta que trocáis
Portugal por Castilla,
y a Chaves por Monterrey,
pues desde ahora en su silla
sois absoluta señora;
y ella, estimando esta dicha,
amorosa os obedece
como a la condesa misma.
Los reyes Fernando y Juan
quieren renovar antiguas

amistades, ya cansados
de que castillos y quinas
desconformes se maltraten,
y yo, porque se consigan,
vengo, Marquesa, a tratarlas.
Entre tanto que se firman,
la condesa os servirá,
y regalaráos Galicia.
Ya en Monterrey, ya en Portela,
esa fuerza que a la vista
tenéis, llave de este reino,
que coronando la cima
de aquel apacible monte,
entrambas rayas registra.

Beatriz   Sois conde, al fin, Acebedo.
Con razón Fernando os fía
el peso de su privanza.

(Sale un Cazador.)

Cazador   Señor, si la caza estimas,
ponte a caballo y verás
la mas apacible riña
que entre brutos desconformes
vieron estas sierras frías.
Abrazado a una colmena
un oso, que de su almíbar
enamorado, escaló
la custodia de una encina.
Se defiende de tres perros,
que por más que le persigan,
sin que el robo dulce suelte,
sus ardides desatina.

Guarda el hurto con un brazo,
y con el otro, a la esgrima
dando lición, ensangrienta
colmillos que en carne afila.
Es cosa hermosa de ver
las abejas que a cuadrillas,
en defensa de su alcázar,
le asaltan, cercan y pican;
y el desenfado con que
con los dientes les fatiga,
trasladando a sus entrañas
sus golosas oficinas.

Conde   No es presa de perder ésta.
Si os servís, señora mía,
esperadme aquí entre tanto
que vuelvo.

Cazador   Has de darte prisa,
si quieres llegar a tiempo.

García   Vamos todos allá.

Cazador   Encima
de esta loma se verá.

(Vanse el Conde y su acompañamiento, García y los serranos.)

Dominga   Cosa será entretenida.
¿No vas a verlo, serrana?

María   No estó para golosinas
de miel robada.

Dominga   ¿Por qué?

María   Porque estó hecha un acíbar.

Dominga   ¿Que te ha dado?

María   ¿Qué sé yo?

Dominga   El mal que se comunica,
                             dice el cura que se aplaca.

María   Ven y sabráslo, Dominga.

(Vanse Dominga y Mari-Hernández.)

Caldeira   Vuelva los ojos acá,
                             Y hable Vuestra Señoría
                             a un diptongo portugués,
                             y gallego hermafrodita.

Beatriz   ¡Caldeira!

Caldeira   Dame a besar
                             dos dedos de zapatilla.

Beatriz   ¿Y mi conde?

Caldeira   Ha renegado.

Beatriz   Acaba.

Caldeira   La verdad limpia
                             te digo. Moro es el conde,
                             y aun peor, si el refrán miras

de «antes moro que gallego».
Pero si me das albricias,
sígueme y verásle.

Beatriz   Vamos.
¡Ay dichosa fuga!

Caldeira   Imita
al vaquero que en Moraina
calza abarca, y viste frisa.

Beatriz   ¿A qué no obligan traidores?

Caldeira   Y el Amor ¿a qué no obliga,
pues me hace sábado?

Beatriz   ¿Cómo?

Caldeira   Porque vaya tras Dominga.

(Vanse. Salen Dominga y Mari-Hernández, muy triste.)

Dominga   Mal segura zagaleja,
la de los lindos ojuelos,
grave honor de los azules,
dulce afrenta de los negros,
¿qué tienes de ayer acá,
que a lo que colijo de ellos,
desveladas inquietudes
les tiranizan el sueño?
Ojeras se les atreven,
si es, serrana, atrevimiento
que patenas de cristal
guarnezca el amor de acero.

Risueñas y alegres niñas
daban risa al prado, y celos
a la flor de aquestos lirios,
al turquí de aquellos cielos.
Aojado te han, mi serrana.
Mucho lloras; mal te han hecho.
¡Pregue a Dios que no te opilen
pensamientos indigestos!
Callan lenguas y hablan ojos;
que a fe cuando sale el huego,
serrana, por las ventanas;
que no huelgan allá dentro.
¿Qué tienes, la mi querida?
Dímelo a mí, y apostemos
que te curo por ensalmo.

María   Ay, Dominga, que me muero.

Dominga   ¿Hásete antojado algo?
Que diz que en aquestos tiempos
hay doncellas con antojos.
¿Has comido barro o yeso?

María   No, Dominga.

Dominga   ¿Dónde sientes
el dolor?

María   Aquí so el pecho
más de dos mil aradores
el alma me están royendo.
Son, mi serrana, agridulces,
y entre pesar y contento,
causan lágrimas con risa;

hártanse de puro hambrientos.
Ven acá. ¿Qué es cosicosa,
que lo que adoro aborrezco,
lo que me pesa hallar busco,
lo que me abrasa es de yelo?
Sin querer, ando acechando
de ayer acá.

Dominga   Serán celos,
medio nieve y medio brasas,
calosfríos del enfermo.

María   ¿Celos se llama este mal?

Dominga   Sí, amiga.

María   ¿Y por qué no infiernos?

Dominga   Si allá hay frío con calor,
el nombre les viene a pelo.

María   Y este mal ¿tiénenle muchos?

Dominga   ¿Quién hay que se libre de ellos?
Más que flores el verano,
más que escarchas el invierno.
¿Ves esas yedras y parras,
de esos alamos enredos?
Pues celosas de sus hojas,
tienen ya sus troncos secos.
Celos que del prado tiene,
hacen que aquel arroyuelo,
hechos labios sus cristales,
se coma aquel lirio a besos.

No hay criatura sin amor,
ni amor sin celos perfeto,
ni celos libres de engaños,
ni engaños sin fundamento.
El ave, la planta, el bruto,
cuanto hay padece tormentos
celosos, en fe de que ama.
Soldemente escapa el necio
de su daño, porque dicen
que es solo mal de discretos.
Hasta el cielo les hurtó
el nombre, si no el efeto.

María   Pues si ésos celos se llaman,
mi Dominga, celos tengo.

Dominga   ¿Luego amor?

María   ¿Qué me sé yo?
Mal me pagan, y bien quiero;
sola, estoy acompañada,
como poco, menos duermo.

Dominga   ¿Enamorada y celosa?
¡Buen guisado habemos hecho!
Convida a la voluntad,
que ése es su mejor sustento;
mas carga poco la mano
de celos, que son pimientos,
y pocos le dan sabor;
muchos echan a perderlo.
Mas ¿qué va, que es esta dicha
del polido forastero?

María

¡Ay prima! No me le nombres.

Dominga

¿Le aborreces?

María

Le aborrezco,
pero es de puro adorarle.

Dominga

Pues ¿cómo puede ser eso?

María

Ámole por ser tan lindo,
tan sabio y tan hechicero;
y ahorrézcole, Dominga,
por ver el mal que me ha hecho,
porque ell alma me ha robado,
porque me mata de celos.

Dominga

¿De celos? ¿Pues sabes tú
que quiere bien?

María

A saberlo,
Dominga, ahí fuera el diabro;
mas si no lo sé, lo temo.

Dominga

Ya eres maesa de amar;
mas pues descubres secretos,
sábete que yo también...

María

¿Amas?

Dominga

Estó dada a perros.

María

¿Por quién?

Dominga

Por un bellacón,

que enamora por lo feo,
por lo socarron hechiza,
por lo gracioso me ha muerto.

María   ¿Y quién es?

Dominga   Es un Godiño,
que si no es Sol, por ser negro,
si cual dicen anda en carro,
puede ser su carretero.

(Sale don Álvaro.)

Álvaro   Preguntando yo a las flores,
adónde, serrana mía,
mi deseo te hallaría,
dijeron que en sus colores.
Tus cabellos robadores
la yerba del Sol pintaban;
azucenas retrataban
en tu frente su candor,
las niñas del niño Amor
flores al lirio robaban.
    Rosas fueron los pinceles
de tus mejillas hermosas;
mas no envidiaron sus rosas
de tus labios los claveles.
Como Amor era el Apeles,
supo en tu boca copiar
dientes y aliento de azahar,
pasándose satisfechos
los jazmines a tus pechos,
y envidiando yo el lugar.
    El todo de tu belleza,

las maravillas; de modo
que eres maravilla en todo
de nuestra naturaleza.
Realce su sutileza
el campo, sabio pintor,
de tanta agregada flor;
que pues en ti se ve junto,
serás siendo él tu trasunto,
ramillete del Amor.

María   ¡Que arrumaquero venís!
               ¡Qué de juncia derramáis!
               ¿Haciendo halagos llegáis?
               ¡Culpado, a la hé, os sentís!
               En las flores que fingís
               que en mí emplea el campo verde
               os escondéis; mas recuerde
               vuestro engaño mis temores;
               que la culebra en las flores
               vende rosas, cuando muerde.

Álvaro   ¿Culpado yo? ¿Pues por qué?

María   ¿Es poco haberme quitado
               el sueño anoche, y llorado
               hasta que me levanté?

Álvaro   ¿Llorado vos?

María   Sí, a la hé.

Álvaro   ¿Tanto mal la vista os hizo?

María   Mal y bien.

Álvaro   ¡Ay bello hechizo!

María   Estáis en amar muy ducho,
               engañáis y sabéis mucho,
               Quisiéraos yo primerizo.
                  Dejaréis en vuesa tierra
               la memoria y voluntá;
               traeréis las sobras acá
               para que a mi me hagan guerra.
               Pues también los de la sierra
               son personas, lisonjero.

Dominga   Coger aquel nido quiero;
               que en juegos se amor, ya es llano
               que se juega mano a mano
               mejor, que cuando hay tercero.

(Vase Dominga.)

María   ¿Habéis tenido allá amor
               en vuestra tierra?

Álvaro   Tenía;
               mas viéndoos a vos, María,
               luego se olvidó.

María   ¡Ay traidor!

Álvaro   Por la hermosura mayor,
               no es maravilla olvidar
               la menor.

María   Ni en mí el dudar

74

que quien se olvida y ausenta,
haciendo de su amor venta,
querrá comer y picar.

Álvaro   ¿Hay donaire, hay gracia, hay gusto,
que con esto se compare?
No haya más, mi bien; repare
mi buen crédito ese susto.
Si tiene mi amor más gusto
del que en tu hermosura veo,
si contigo el Sol no es feo,
mi esperanza y afición,
sin llegar a posesión,
se queden en el deseo.

María   En fin, ¿no la queréis bien?

Álvaro   Tú sola eres mi querida.

María   ¿Por mi vida?

Álvaro   Por tu vida.

María   ¿Y por la vuestra?

Álvaro   También.

María   ¿Era hermosa?

Álvaro   Los que ven
ese hechizo, aunque serrano
todo otro amor juzgan vano.

María   Pues jurad, si sentís eso,

sobre esta cruz.

Álvaro   Juro y beso.

(Tómale la mano, y bésasela. Sale doña Beatriz.)

María   Sí, por besarme la mano.

Beatriz (Aparte.)   (Aquí dicen que quedaba.)

Álvaro   Marquesa...

Beatriz   Marquesa soy,
que a marcar agravios vengo,
en vez de marcos de amor.
Quien tan bien penas divierte,
y con tanta prevención
a enfermedades de ausencia
tan presto antídoto halló,
no morirá malogrado.
¡Qué cortesano que sois!
Besamanos dais cumplidos;
que hasta aquí pensaba yo
que se daban de palabra,
mas puestos por obra no;
si no es que le dais el pulso,
vos enfermo, ella dotor.
¡Bien pagáis obligaciones
de quien desprecia por vos
créditos, que ya fallidos
pone el vulgo en opinión!
Mas quien a palabras de hombre
deudas de fama empeñó,
cobre en crédito de injurias

desengaños de su amor.
No sin causa el rey don Juan...

Álvaro   Basta, Marquesa.

Beatriz   No soy
sino infierno de mis celos.

Álvaro   Basta; templad el rigor,
y admitid satisfacciones.

María   No hay que dar satisfacción
a quien en preitos ajenos
se mete. Aqueste garzón
ha de ser mi esposo.

Beatriz   ¿Cómo?

María   Comiendo.

Beatriz   Y matándoos yo.

María   ¿Matar? ¡Verá la sebosa!

Beatriz   ¡Oh rústica! Vive Dios,
que mis celos y tu vida
han de acabar juntos hoy.

(Saca doña Beatriz una daga, y Mari-Hernández se desciñe una honda y
toma una piedra.)

María   Téngase ahuera, la digo.

Álvaro   ¡Estáis sin seso!

Beatriz   Sí estoy.

María   Yo tambien, pues tiro piedras.

Beatriz   Pasaréle el corazón.

María   Pues pasad y no me erréis;
                    que si erráis, a fe de Dios,
                    que al primer morro que os tire,
                    no me habéis de esperar dos.

(Andan una tras otra y metiéndose en medio don Álvaro.)

Álvaro   María, marquesa, basta.

Beatriz   Quita de en medio, traidor.

María   Déjenmos a mí y a ella.

Álvaro   ¿Hay mas ciega confusión?

Beatriz   Ya yo sé matar ingratos.

María   Ya yo sé, si vuelta doy
                    al cáñamo, dar en tierra
                    con el toro mas feroz.

Álvaro   Marquesa, serrana mía...

Beatriz   ¿Mía, villano? Eso no.

María   ¿No, sebosa? Aunque os repese.

(Sale Dominga.)

Dominga   María, padre y señor
               llama.

María   No hay padre que tenga.

Dominga   Que da voces.

María   Venid vos
               conmigo, e iré Vireno;
               porque en quedándoos, me estoy.

Álvaro   Id, serrana; que entre tanto
               que dais la vuelta, los dos
               averiguaremos pleitos,
               que en provecho vuestro son.

María   Dad al diablo esos provechos
               que no quiere más amor,
               para echar a un lado enojos,
               si que haya averiguación.

(Sale Otero.)

Otero   Nueso amo llama, María.

María   Mal llamado le dé Dios.

(Dentro.)

García   ¡María!

María   Sebosa, para esta.

¡Ay Dominga! ¡Muerta voy!

(Vanse María, Dominga y Otero.)

Beatriz
    Estoy tan arrepentida
de los extremos que he hecho,
conde, cuanto satisfecho
vos de vuestra fe rompida.
Una injuria conocida
¿a quién no saca de sí?
Y más siendo frenesí
cualquier ímpetu de Amor.
Ya ha cesado su rigor
gloria a Dios, ya he vuelto en mí.
  Quien con tal facilidad
quiera quien ama, la ley,
mal probara que a su rey
no ha quebrado la lealtad.
La duda de esta verdad
tan a mi costa ha salido
que estado y honor perdido
vienen a cobrar mis daños
a plazos de desengaños,
deudas de Amor en olvido.
  Pero, pues así sucede,
restaurará su caudal
el alma; que no es gran mal
el que remediar se puede.
Aquí sepultada quede
mi memoria desdichada
en vos tan mal empleada
porque después se mejore.
No os espante que la llore
pues muere, en fin, malograda.

Álvaro   Sintiera ser su homicida,
si escondido no supiera
que cuando para mí muera,
para el rey la daréis vida.
Memoria tan prevenida,
que a costa de su firmeza,
quiere a un conde en la corteza,
y ama a un rey en lo interior,
siendo de dos este amor,
no es razón que os dé tristeza.
    ¿Por qué llamáis malograda
la memoria y voluntad
de un cuerpo con libertad
que encierra un alma casada?
Si está en un rey empleada,
no culpéis mis escarmientos;
no desechéis fundamentos
de quien puede conservar
el cuerpo libre, y gozar
casados los pensamientos.

Beatriz   De culpas que me argüís,
conde, excusas no esperéis;
que bien sé que lo entendéis
al revés que lo sentís.
Cauteloso os prevenís;
que ya yo sé que es traición
de tan sutil discreción,
que cuando Amor deudas forma,
cartas de pago trasforma
en cartas de obligación.
    Negad, puesto que discreto,
desleal la que os obliga;

y de vuestras quejas diga
la causa, conde, este efeto.
Por guardar al rey respeto,
y engañar vuestro enemigo,
fingiendo amarle, le obligo.
¡Ved cuán recto juez hacéis,
pues por gracias que debéis,
me dais sin culpa el castigo!
     Que para que sea mayor
de mí, si en esto os agrado,
restituida en mi estado,
haré pechero mi amor.
A vuestro competidor
daré, aunque muera, la mano,
pues la gracia del rey gano;
y vos con igual mujer,
villano en el proceder,
seréis del todo villano.

Álvaro   Marquesa, Beatriz, mi bien,
celos necios e impacientes
fiscales impertinentes
de Amor, disculpa me den.
Llámanse Argos, y no ven;
son necios por presumidos
y dividiendo sentidos,
por dar a su dueño enojos,
viendo al amor en los ojos,
viven siempre en los oídos.
     Oí lo que, a no ser loco,
diera paz a mis desvelos;
que son lógicos los celos,
mi bien, y discurren poco.
Sus pareceres revoco;

castiga tú mi impaciencia
y si das a la prudencia
más lugar que a la venganza,
disculpen esta mudanza
celos, ocasión y ausencia.

Beatriz ¿Paréceos a vos bastante
ese descargo?

Álvaro Mi bien,
perdón tus brazos me den,
y no pases adelante.
Si no basta el ser tu amante,
daga tienes homicida.
Sácame el alma rendida.

Beatriz Será, ingrato, porque así,
si tu alma vive en mí,
me dé a mí misma la herida.
   Mucho tiene de rapaz
Amor. ¡Qué presto se enoja!
¡Qué presto que el arco arroja
ya de guerra, ya de paz!
No eres de perdón capaz;
pero ¿cuándo le negó
quien tierno y constante amó
pues cuando lo dilataras,
y a pedirle no llegaras,
era fuerza el llegar yo?

(Salen el Conde, Garci-Hernández y acompañamiento.)

Conde No he tenido yo, García,
mayor entretenimiento

después que la caza curso.

García   ¡Valiente defensa ha hecho
el oso!

Conde   ¡Oh marquesa ilustre!
La vuelta a Monterrey demos,
porque la condesa goce
brazos de huésped tan bello.

Beatriz   Otro, gran conde, tenéis,
que ocasiona mi destierro,
y a vuestra sombra se ampara.

Conde   ¡Don Álvaro! ¿Qué es aquesto?

Álvaro   Disfraces de la lealtad,
que traidores persiguieron,
y en vuestro valor confían.

Conde   Infinito debo al cielo,
pues me ocasiona a serviros.
García, vuestro vaquero
fue don Álvaro Ataíde.

García   Gran señor, los pies os beso.
¿Hay suceso semejante?

(Salen Mari-Hernández, Dominga, y Caldeira.)

María   En fin, Dominga, Vireno
y la portuguesa... Aguarda.

Conde   Mi rey Fernando y el vuestro

quieren perpetuar paces,
y espero de sus conciertos,
conde, vuestra libertad.

(Caldeira habla aparte con su amo.)

Caldeira   ¿Luego ya te conocieron?

Álvaro   Sí, Caldeira. A ser dichoso
                  desde este punto comienzo,
                  pues está Beatriz, conmigo.

Conde   Vamos, señores, que quiero
                  dar a mi estado un buen día.

(A Mari-Hernández.)

Álvaro   De la voluntad que os debo,
                  y es imposible pagaros,
                  servirá de desempeño,
                  serrana, aquesta sortija.

María   Si es señal de matrimonio
                  y conmigo heis de casaros,
                  espetádmela en el dedo.

Álvaro   Yo, María, soy el conde
                  de Silveira, y es mi dueño
                  Beatriz, marquesa de Chaves.

María   Pues echadla con mal huego.

Álvaro   Adiós, graciosa serrana.

María   ¿Y qué? ¿Sois conde, de vero?

Álvaro   Y la marquesa mi esposa.

María   ¡Ay padre! Desmayos tengo.

(Aparte con Dominga.)

Caldeira   Dominga, adiós; que me acojo.

Dominga   ¿Te vas? ¿Cuándo nos veremos?

Caldeira   Los domingos, si es que gustas
                 ser mi sayo dominguero.

Dominga   ¿Pescudaré por Godiño?

Caldeira   Caldeira por nombre tengo.

Dominga   Seguiréte, porque vaya
                 la soga tras el caldeiro.

(Vanse todos, menos Mari-Hernández.)

María   ¡Cielos! ¡Que es Vireno conde!
                 ¡Que tiene esposa Vireno,
                 y llevándose allá ell alma,
                 a oscuras me deja el cuerpo!
                 ¡Aquí de Dios y del reye!
                 ¿Él casado y yo en tormento?
                 ¿Ella alegre, yo llorando?
                 ¿Los dos vivos, yo muriendo?
                 No lo sufrirá mi injuria;
                 no lo admitirán mis celos.

Donde hay agravio, hay venganza;
donde hay amor, hay ingenio.
Uno y otro han de mostrar
como castiga desprecios
la gallega Mari-Hernández.
¡Ay portugués feiticeiro!

Fin de la segunda jornada

Jornada tercera

(Salen el Rey y soldados portugueses. Tocan dentro cajas.)

Rey
                      Cuando se tratan paces con Castilla,
¿tiene el de Monterrey atrevimiento
de amparar forajidos en su villa,
sin reparar mi justo sentimiento,
a la marquesa y conde, que a mi silla
aspiraban, y fueron fundamento
de justos, aunque trágicos castigos?
¿El Conde a mis mayores enemigos?
    Cesen las paces pues; vuelva la guerra.
Experimente el conde indignaciones
de un rey airado. Poblaré su tierra
segunda vez de armados escuadrones.
Cercaré a Monterrey que los encierra;
y si es traición favorecer traiciones,
a imitación de Troya al destruilla,
mañana será llamas, si hoy es villa.

Soldado I
                     La justa indignación, señor, que alegas
a la venganza solicita manos.
Limia es el valle donde armado llegas,
y faldas de esas sierras estos llanos.
A asegurar el paso fue don Egas;
que aunque sus moradores son villanos,
ánimo sus fronteras les han puesto.

Rey
                     Vencerálos don Egas... mas ¿qué es esto!

(Sale Mari-Hernández que sale con un mallo peleando con don Egas, y algunos soldados portugueses con broqueles.)

Soldado II   Rayo o mujer ¿qué nos quieres?
                             ¿Hay valor mas prodigioso?

María   No me ha de quedar seboso
                             a vida.

Rey   ¡Tales mujeres
                           tiene Galicia, Silveira!
                         Dejadla. No le hagáis mal.

María   ¡Qué! ¿Cuidaba Portugal
                           que era sola su forneira?
                             Pues a fe de Dios, si torno
                         a enojarme, aunque aquí os hallo,
                         que estimedes más mi mallo
                         que la pala de su forno.
                             Con éste al segar las mieses,
                         limpia el trigo nuesa tierra,
                         y las fembras de la sierra
                         despachurran portugueses.
                             No huyáis si queréis proballo.
                         Aguarde el que no lo crey.

Soldado I   Detente, que está aquí el rey.

María   ¿El rey? Pues arrojo el mallo.

Rey   ¿Con portugueses, serrana,
                         tal furia?

María   De un tiempo acá,
                         si va a decir la verdá,
                         los mato de buena gala.

Rey

    ¿Por qué?

María

        Un portugués mancebo
se hizo en mi casa mandón,
y en gozando la ocasión,
se deshizo como sebo.
    Pero venga acá. ¿No es él
el rey?

Rey

       Sí.

María

       ¿Y hará justicia
de un portugues que a Galicia
vino, diz que huyendo de él,
    y entrando que parecía
la gata de Mari-Ramos,
robó la hacienda a sus amos,
y el corazón a María?

Rey

    ¿Llamáisos vos así?

María

       ¡Y cómo!
Nunca yo en Limia le viera.
Entró blando como cera,
salió duro como plomo.
    ¿Conoce él a un don Alváro,
y a cierta doña Beatriz,
pintada como perdiz,
que pidiéndomos amparo,
    almas y caballos pica
con celos y con espuelas?

Rey

Sus alevosas cautelas
mi enojo te certifica.

Por su causa hago esta guerra
al conde de Monterrey.

María   No guarda el ingrato ley.
Mala gente hay en su tierra.
 Hechizóme a lo serrano;
burlóme a lo portugués;
huése a Monterrey despúes.
Tarde lloro; creí temprano.
 ¡Ay! ¡Qué le contara yo
si no tuviera vergüenza!
Mire, ya que amor comienza
a informarle. Anocheció,
 y yo despierta, a cierra ojos,
y entre dos luces dormida,
el alma en el embebida,
la voluntad con antojos,
 y a oscuras el aposento,
pisando huevos entró;
y entonces... ¿Qué me sé yo?
¡Ay Dios! ¿Cómo se lo cuento?
 Tanto supo acariciar,
tanto vino a prometer...
Era hombre, en fin, yo mujer;
en algo había de parar.
 No resiste quien desea;
y como me mostró amor,
llegó... y pregue a Dios, señor.

Rey   ¿En fin...?

María   Que orégano sea.
 Mas esto fue con promesa
que había de ser mi marido.

Hase el traidor acogido
con la Beatriz portuguesa;
   y hanme dicho que los dos,
según el amor se enseñan,
dentro un mes se matrimeñan.
¡Que mala pro les dé Dios!

Rey

   No harán mientras yo viviere;
ni permitirán los cielos
tu menosprecio y mis celos.

María

Mire, si él cogerlos quiere,
   y me promete casar
con él sin hacerle daño.
La mujer todo es engaño,
y más cuando viene a amar.
   Yo sabré, si a Monterrey
voy, herle que huera salga;
de los ardides se valga,
que en la guerra diz que es ley.
   Haga que aguarde en secreto
a la puerta alguna gente;
prenderále de repente
a la noche; y en efeto,
   antes de ir a Portugal,
hará que mi dueño sea;
que aunque me dejó, no crea
que ell hombre me quiera mal.

Rey

   Si eso, donosa María,
cumpliésedes vos, mis celos
darán fin a mis desvelos.
Buscaba yo alguna espía,
   que yendo allá me avisase

la defensa de esa villa,
porque para combatilla
diligente me industriase;
   pero si están sobre aviso,
¿cómo podréis entrar vos,
y salir?

María   ¡Válgame Dios!
Nunca halló estorbo quien quiso.

Rey   Muestras de vuestro valor
acabo ahora de ver.
¿Qué no intenta una mujer,
que tiene celos y amor?
   Cumplid como prornetéis;
que si de Monterrey sale,
mi fe os doy...

María   ¿Perdonaréle?

Rey   Como el amor estorbéis,
   con que han hecho resistencia
a mi voluntad los dos,
siendo esposa suya vos,
no dudéis de mi clemencia.

María   Es caballero, y dirá
que no soy yo caballera.

Rey   Aunque mi sangre tuviera,
el rey calidades da.
   Noble y marquesa os haré,
antes de ir a Portugal.

María   ¿Jure?

Rey   Mi palabra real
               es la mas segura fe.

María   ¿Y la gente?

Rey   Yo en persona,
               en secreto, he de aguardarle.

María   ¡Mal año! Querrá matarle.

Rey   Mi fe y palabra me abona.

María   Mire que no ha de herle mal.

Rey   No haré.

María   Ni a la portuguosa.

Rey   No goce él a la marquesa,
               y pídeme a Portugal.

(Vanse todos. Salen el Conde, don Álvaro y un Criado.)

Conde   Aplacaráse el furor
               con que el rey portugués viene
               y conocerá que tiene
               en mí un grande servidor.
                   No es mal trato el amparar
               amigos que de traidores
               huyen y piden favores,
               pudiéndoselo yo dar,
                   pues aun no están concluidas

con nuestros reyes las paces
que se tratan.

Álvaro   Satisfaces
con tu valor a dos vidas
   que solo estriban en ti;
pero si por mi ocasión
de mi rey la indignación
tu estado destruye así,
   mejor será retirarme
a Castilla, y dar lugar
al tiempo.

Conde   Con amparar
vuestra vida ha de ilustrarme.
   Orden de mis reyes tengo,
mientras que se ven los dos,
de que a la Marquesa y vos
os tenga aquí. Ya prevengo
   modo con que al rey don Juan
desengañe, y si os persigue,
clemente el furor mitigue.
(Al Criado.)   ¿Cuántas leguas estarán
   de aquí?

Criado I   En Limia han hecho alto,
y a la vista de Portela,
nuestra montaña recela
que o la sitie o la de asalto.

Conde   ¿Trae mucha gente?

Criado I   Serán
diez mil, cada cual Viriato

portugués.

Conde
     Si no es por trato,
no teme del rey don Juan
 mi Portela sitio largo,
aunque su poder la cerque.
A nuestra villa se acerque;
que de aplacarle me encargo.

(Sale otro Criado.)

Criado II
Cierto fidalgo que pasa
a Santiago, esta aquí.

Conde
¿De Galicia?

Criado II
     Señor, sí,
y deudo de vuestra casa.
 No prosigue su camino,
receloso de esta guerra,
y así en Monterrey se encierra.

Conde
Entre el deudo, ya que vino.

(Vanse los criados. Sale María, de gallego honrado, y Dominga.)

María
     Déime a besar os pes,
señor, vossa señoría,
porque muito dezejaba
conocer a rama antega
do tronco de quem descendo.

Conde
Álcese, hidalgo, que estima
nuestra casa a los parientes.

¿De dónde es?

María   Meu pai dicía
ser fidalgo de Betanzos;
casouse con a mai miña,
hidalga de Calabazos.
Depois os dous se aveciñan,
pertiño de Santïago,
em huma feligresía
que tem por nome Morrazos,
donde víndose parida,
me pus o nome que teño.

Conde   ¿Y es su nombre?

María   Juan García
de Morrazos.

Conde   ¡Blasón nuevo!
Yo hasta ahora no sabía
tener parientes Morrazos.

María   ¿Pois non basta que eu o diga?

Conde   Sí; mas con todo esto quiero
informarme por qué línea
emparentamos los dos.

María   Teña maon sua señoría.
O meu pai foi cociñeiro
de vosso pai muitos días,
porque de nossa nobreza
Foi o solar sua cociña.
Sendo cociñeiro, pois,

e probando a comida
que guisaba, craro está
que o mesmo manjar comía
o meu que o vosso pai.
Isto ¿he verdade?

Conde   Prosiga;
que es su humor más sazonado
que los manjares que guisa.

María   Das comidas, ¿non se faz
o sangue con que se crían
os corpos?

Conde   ¿Quién duda de eso?

María   Pois si a comer ambos viñan
día e noite d'hum manjar,
craro está que ambos dois tiñan
Hum sangue mismo em dols corpos.
Sendo ansí, bem se averigua
que dccendernos d'hum sangue
eu e vossa señoría
e que sendo seu parente,
me ha de facer cortesía.

Conde   No puedo negar el deudo;
que es la prueba peregrina
bastante a ejecutoriarse
en cualquier chancillería.

(Aparte con don Álvaro.)

            ¿Qué juzgáis, conde, de aquesto?

Álvaro   Que ocasionando la risa,
                  viene un cocinero a ser
                  el mas noble de Castilla.

Conde   Pues bien, ¿qué es lo que ahora quiere
                  en mi casa el buen García
                  de Morrazos?

María   Os parentes
                  facéndosos em Galicia,
                  a escudeiros do seu sangue,
                  cuando son pobres se obrigan
                  de mante-los em seu honor,
                  e sustentar sua familia.

Conde   ¿Luego quiere estar conmigo?

María   Queiro.

Conde   Pues desde este día
                  le asigno gajes.

María   Os pes
                  me dai, non porque vos sirva
                  —que non sirven os Morrazos—
                  mais porque desde hoje viva
                  a vossa custa em descanso.

(Aparte con don Álvaro.)

Conde   A la infanta de Castilla
                  pienso, conde, presentarle.

Álvaro   Su donaire es tal, que cifra
                en sí todos los gracejos.
                ¡Donoso humor!

Conde   Pieza es rica.

(Sale un Criado.)

Criado I   Con cartas, señor, del rey
                llega a este punto Padilla
                de la corte.

Conde   Voy a verlas;
(Vase el Criado.)   que no dudo de que escriban
                por vos y por la marquesa
                a vuestro rey.

Álvaro   Si apadrinan
                sus favores mis desgracias,
                resucitarán mis dichas,
                siendo vos mi protector.

(A María.)

Conde   Esperadme aquí.

(Vanse el Conde y don Álvaro.)

Dominga   María,
                ¿en qué dibujos me metes?

María   Hoy tienes de ver, Dominga,
                milagros de amor y celos.

Dominga   ¡Pregue al cielo!

María   Calla y mira.

Dominga   ¿No es pecado levantar
testimonios y mentiras
a don Álvaro?

María   ¿Yo en qué?

Dominga   En que al rey don Juan le digas
que te gozó.

María   La mujer
que de un hombre fue querida,
ya es gozada en el deseo,
y la afrenta si la olvida.

Dominga   ¿Y piensas sacarle al campo?

María   Mis celos le desafían.

Dominga   ¿Y si el rey don Juan le mata?

María   Su palabra real es firma
de resguardo.

Dominga   ¡Pregue a Dios!
Al mi Caldeira querría
ver, y engañarle también;
que estó en su ausencia perdida.
Pero hétele donde viene
con el tu Conde. En su vista
se me emboba toda ell alma,

que aunque socarrón, hechiza.

(Salen don Álvaro y Caldeira, leyendo.)

Álvaro   «Esta noche, en fin, quisiera
veros; que os tengo que hablar
muchas cosas...»

Caldeira   «Si a casar...»

(Habla.)   ¡Oh! ¿Carta casamentera?
¡Mal año! Nones me llamo.

(Lee.)   «...te determinas conmigo...»

Álvaro   «que amor, constante testigo...»

Caldeira   «...haré que hablen a tu amo...»

(A Caldeira.)

Álvaro   ¿Qué es eso?

Caldeira   Nos empapelan.
Si la marquesa te escribe
después que encerrada vive,
también por mí se desvelan
damas fregonas.

Álvaro   ¿Por ti?

Caldeira   Hechiza mi parecer.

Álvaro   Anda, salte allá a leer.

Caldeira   Bien acierto a leer aquí.

(Leen ambos.)

Álvaro   «...que amor, constante testigo,
                  y tan poco firme en vos...»

Caldeira   «Casarémonos los dos,
                  si a tu señor se lo digo.»

Álvaro   «...teme segundos desprecios.»

Caldeira   «Mondonga soy de palacio...»

(A Caldeira.)

Álvaro   ¡Hola!

Caldeira   «Míralo despacio...»

Álvaro   ¡Ah necio!

Caldeira   «..que hay condes necios.»

Álvaro   Enviaréte noramala...

Caldeira   «Para ti, señor, he hallado
                  favor en casa...»

Álvaro   Él ha dado
                  en bufón. Sal de la sala,
                    majadero...

Caldeira   «Sois, amigo...»

(A su amo.)   ¿No lees tú? También yo leo.

Álvaro   Si me enojo...

Caldeira   «...que aunque feo
                 rabio por casar contigo.»

(A su amo.)   Ya yo acabé mi paulina;
                 la tuya puedes leer
                 si es paulina la mujer
                 que casarse determina,
                   aunque no se llame Paula.

Álvaro   A no mirar que eres loco,
                 te hubiera...

Caldeira   No lo soy poco,
                 aunque no estoy en la jaula;
                   mas ¿qué seré si me caso?
                 ¿Archiorate? ¿Protonuncio?
                 ¡Malos años! Abernuncio.
                 Lee; no hagas de mí caso.

(Lee.)

Álvaro   «Teme segundos desprecios;
                 que aunque ausente de la sierra,
                 su memoria os hará guerra,
                 los celos pecan de necios.
                   Olvidad vos sus serranas,
                 y aseguradme despacio
                 esta noche, que en palacio

hay terreros y hay ventanas.»

(Habla.)   No quiere Beatriz perder
los privilegios de dama.
A que la ronde me llama;
su galán tengo de ser,
  mientras no fuere su esposo.
Preverme capa y rodela.

Caldeira   La mondonga me desvela.
Acompañarte es forzoso;
  que aunque a la Dominga mía
rendir el alma propongo,
el sábado es de mondongo,
y el domingo es otro día.
  Con la mondonga, me avisa
el sábado mondongar,
y con Dominga, mudar
cada domingo camisa.

(Vanse don Álvaro y Caldeira. Salen Mari-Hernández y Dominga.)

María   Dominga, ¿qué dices de esto?

Dominga   ¿Qué diabros quieres que diga?
¡Ay guillote! ¿Ansí os obriga
el amor que en vos he puesto?
  Pues para ésta, farfullero,
que yo me sepa vengar.

María   ¡Que esta noche se han de hablar
a las rejas del terrero!
  Pues esta noche también,
cuando estéis más descuidado,

mi amor, de vos olvidado,
vengarse de entrambos tien.
   Yo le daré entrada al rey,
si, como dice, me espera
a la puerta.

(Sale el Conde.)

Conde   Razón fuera,
pues estáis en Monterrey,
   García, haber visitado
a la condesa.

María   He verdade
faré-lo de boa vontade.
Non fincaba desmembrado;
   mais visitar as mulleres
sem lisenza dos maridos,
dam celeiras e molidos.
non sei derramar praceres,
   nem veño a dar embarazos
mas pois me mandáis ansí,
decede-la que está aquí
Joan García dos Morrazos.

(Vase Mari-Hernández.)

Conde   ¿Sois vos también del lugar
de vuestro amo?

Dominga   Y su vecino.

Conde   ¿Y sabéis a lo que vino?

Dominga   Creo que se viene a casar.

Conde   ¿Aquí?

Dominga   ¿Pues dónde?

Conde   ¿Con quién?

Dominga   Sélo; mas para callarlo.

Conde   ¿Cómo os llamáis?

Dominga   Gil Carvallo.

Conde   Hombre parecéis de bien.

Dominga   Por su virtú.

Conde   ¿Los zapatos
a la cintura colgáis,
y descalzo camináis?

Dominga   No valen allá baratos.
    Dime ayer un tropezón,
que aunque un dedo me quebré,
por ir ansí me ahorré
un cuartillo de un tacón.

Conde   ¡Extraño modo de ahorro!

Dominga   Allá cuando caminamos,
a la cinta los llevamos;
porque, aunque descalzo, corro
    por los tojos, que dirán

que soy un gamo, o caballo.

Conde   ¿Y qué lleváis, Carballo,
en ese palo?

Dominga   Es el pan,
y aquéesta es la calabaza.

Conde   ¿Pan tan grande?

Dominga   Es de centeno,
y en Galicia, aunque moreno,
más alivia que embaraza.

Conde   A medida de su humor
vuestro amo os supo escoger;
la condesa os ha de ver
también a vos.

Dominga   No, señor.

Conde   Venid.

Dominga   Deje que me ponga
los zapatos.

Conde   Bien estáis.

(Aparte al retirarse Dominga.)

Dominga (Aparte.)   (¡Traidor! yo haré que escupáis
las tripas con la mondonga.)

(Vanse. Salen don Egas, Vasco y un Soldado.)

Egas   Media legua de aquí a emboscarse viene
aquesta noche el rey, por si le engaña
la animosa serrana, donde tiene
mil hombres, cada cual blason de España.
Que asalten el descuido les previene
del castellano conde que acompaña
y defiende a don Álvaro Ataíde,
y a la marquesa que mi dicha impide.
  Envíame a que aguarde la promesa
que la valiente rústica le ha hecho,
y prenda al conde. ¡Venturosa empresa
si llega a ejecución! Pero sospecho
que arrepentida, como amor profesa,
quien le entregó las llaves de su pecho,
le habrá dicho la traza prevenida,
saliendo en nuestro daño esta venida.
  Y cuando tenga efeto, y le prendamos,
si el rey, como ha ofrecido, le perdona,
restituyendo al conde, ¿qué esperamos
los dos, traidores a su real corona?

Vasco   Mejor será, si en Monterrey entramos,
ya que el cielo de estrellas se corona,
dar la muerte a don Álvaro, y con esto,
evitar el peligro en que te ha puesto.

Egas   ¿Cómo habemos de entrar?

Vasco   Yo sé por donde.
Como el cueducto quiebres de una fuente,
que en la villa a la plaza corresponde
puedas salir y entrar seguramente.

Egas   Ejecutarlo pues; que muerto el conde,
                          no queda en Portugal quien darme intente,
                          temor ni contradiga mi privanza,
                          feliz mil veces, si a Beatriz alcanza.

(Vanse don Egas y Vasco. Sale doña Beatriz, a una ventana.)

Beatriz   ¡Qué caro, rapaz, avaro,
                          Vendes los gustos que das!
                          Mas por esto valen más;
                          que, en fin, lo barato es caro.
                          Si el que debajo tu amparo,
                          cuando en tu esfera se abrasa,
                          más trabajos por ti pasa,
                          más contigo, Amor, privó.
                          Ya somos el conde y yo
                          los mayores de tu casa.

(Salen don Álvaro y Caldeira, como de noche.)

Caldeira   Mejor fuera dar dos sorbos
                          con los ojos, castañetas
                          del sueño, que rondar daifas.

Álvaro   Gusta de esto la marquesa.
                          No se asegura de mí,
                          después que tiene sospechas
                          de la serrana de Limia,
                          y vengo a satisfacerla.

Caldeira   Vaya con Dios, si es su gusto.

Álvaro   Tira una china a esas rejas.

Caldeira   Allá va una china calva,
                    que si en la corte estuviera,
                    ya se hubiera puesto moño,
                    o adoptiva cabellera.

Álvaro   ¿Es mi Beatriz?

Beatriz   ¿Es el conde?

Álvaro   Yo soy; que a vuestra obediencia
                    el resistir es delito.

Caldeira (Aparte.) (Si mi mondonga quisiera
                    asomarse a este albañal,
                    pues sin salir de su esfera,
                    sale por los albañales
                    lo que los mondongos echan,
                    comiéramos hoy grosura.)

(Recuéstase Caldeira en una pared. Salen Mari-Hernández y Dominga, como de noche. Habla aparte con Dominga.)

María   Tras sí mis celos me llevan.
                    Déjame escuchar, Dominga,
                    sus regalos y ternezas;
                    que los celos siempre nacen
                    sin ojos y sin orejas.

Dominga   Quien escucha, su mal oye.

María   Es la verdad, mas recela.
                    Ignorando lo que sabe,
                    busca lo que no desea.
                    Pero escucha; que ya están

los dos hablando.

Dominga   Pues llega;
que yo seré tu lacaya.
Plega a Dios que no me duerma.

Caldeira (Aparte.)   (Gigantes vienen a pares,
y me dicen que esta tierra
es tan fértil en dar brujas,
como nabos. Dios me tenga
de su mano, o de su pie.)

Beatriz   Dudo de vuestra firmeza,
conde, y pienso que os entibian
memorias, que siendo ajenas,
os tiranizau las propias.

Álvaro   No ofendáis, mi bien, las vuestras
pues sabéis que solo estriban
mis esperanzas en ellas.

Beatriz   Acuérdome yo que un tiempo
desvelaba vuestras penas
ofreciéndome constante
un alma, entonces entera,
y ahora partida en dos.

Álvaro   ¿Pues hay, Beatriz, quién merezca
entrar con vos a la parte?

Beatriz   Y aun no poco feliz fuera
si ya que la dividís,
siendo dueño de la media,
no me la usurparan toda

los donaires de la sierra.

Álvaro   No fue amor, venganza sí
de imaginadas ofensas,
la que pudo divertirme,
mi bien, de vuestra belleza.
Amor es conformidad
de dos voluntades tiernas;
y mal podrán conformarse
rusticidad y nobleza.
Gustos en vos empleados,
alma amante en vuestra escuela,
deseos nobles por vos,
esperanza en vos perfeta.
¿Os persuadís vos, señora,
que salir jamás pudiera
de suerte desazonada,
que serranas apetezca?
Si desde el punto que os vi,
eternizando finezas
y huyendo violencias reales,
satisfacer mis sospechas,
no la he borrado del alma.
Si más me he acordado de ella,
si no os adoro, en los brazos
de quien aborrezco os vea.

(Hablan aparte Mari-Hernández y Dominga.)

María   ¡Qué esto escuche una mujer,
y pueda tener paciencia
para no morir matando!
¡Ah celos! Soltad la rienda
a venganzas y suspiros.

¡Ah enemiga! ¡Quién tuviera
alas con cuyo favor
pudiera volar!

Dominga   ¿Pateas?

María   Estoy tan llena de celos,
                         que hasta las plantas me llegan.
                         ¡Vive el cielo, conde ingrato...!

Dominga   Esto va de espacio. Piedras,
                         a vuestro arrimo me amparo;
                         cama dé vuestra paciencia.

(Va a recostarse y tropieza en Caldeira.)

                         ¿Que es esto? En blando topé.

Caldeira   Demonio es, pues que me tienta,
                         si hay demonios rondadores.

Dominga (Aparte.)   (Éste debe ser Caldeira,
                         Que aguardaba a su mondongo.
                         Vengaráse mi celera
                         de la suerte que pudiere,
                         sin hablarle. No nos sientan
                         los que nos tienen aquí.)

Caldeira   ¡Yo me aparto, y él se acerca!

Dominga   (Aqueste alfiler de a blanca
                         le meto hasta la cabeza.)

Caldeira   ¡Ay!

| Álvaro | ¿Qué es esto? |

| Caldeira | Mataduras
de una bruja sin espuelas,
pues me pica sin jugar. |

| Álvaro | Anda, borracho, que sueñas. |

| Caldeira | Tales sueños te dé Dios. |

| Álvaro | ¿De qué sirve, mi marquesa,
gastar el tiempo en pesares,
que sin provecho atormentan?
Vos habéis de ser mi esposa;
confïad en las promesas
del conde de Monterrey,
en mi lealtad e inocencia,
en los reyes de Castilla
que al nuestro escriben y ruegan
por nuestra restitución,
y ya sus paces conciertan.
Espero en Dios que cansada
la Fortuna, y dando vuelta
el tiempo, hasta aquí enemigo,
siendo vos mi esposa bella,
nos tienen de dar los cielos,
al paso que las tormentas,
las bonanzas, a pesar
de traiciones y soberbias.
Si engañado de mis celos,
procuraba en vuestra ausencia
divertir memorias tristes
en serranas rustiquezas, |

ya olvidado, arrepentido.
Solo, si me acuerdo de ella,
es para que amándoos más,
mis locuras reprehenda.
¿Cómo os puede a vos dar celos
una pastora grosera,
ignorante en facultades
de amor, que estima agudezas?
¿Qué hermosura ha de tener
una tosca montañesa
que adornan sayales pobres
y soles y aires afeitan?
¿Tan mal gusto tengo yo
que permita competencias
de una villana, vos noble
de una simple, vos discreta?

(Mari-Hernández se pone delante de don Álvaro.)

María   ¡Mentís!

Álvaro   ¿Qué es esto?

María   Mentís,
mal hablado; que en ausencia
de mujeres que engañastes,
no es bien hecho hablar mal de ellas
vos sí que el villano sois,
pues que por no pagar deudas
de quien de esposa os dio mano,
ponéis en su honor la lengua.

Beatriz   ¿Mano de esposa? ¡Ay de mí!
¿Qué es esto, conde? ¡Ay certezas

de injurias y desengaños!

(Sale un Criado, dentro del palacio.)

Criado I   Señora, nuestra condesa
                     os llama.

Beatriz   ¿Mano de esposa?
                     ¡Cielos!

Criado I   Mirad que os espera.

Álvaro   Hombre bárbaro, ¿qué dices?
                     ¡Beatriz! ¡Mi bien! ¡Ah, marquesa!

Beatriz   A averiguaciones tales,
                     ¿qué hay que esperar? A sospechas,
                     ya en verdades convertidas,
                     a comprobadas ofensas,
                     no hay remedio sino olvidos.
                     Aquí, ingrato conde, tengan
                     fin de empleos mal pagados,
                     villanas correspondencias.
                     Cerca el rey don Juan está,
                     y mi venganza tan cerca
                     que si te quita la vida,
                     daré la mano a don Egas.

(Retírase de la ventana.)

Álvaro   Oye, señora, mi bien...
(A Mari-Hernández.) Bárbaro, que a eclipsar llegas
                     Con nublados de mentiras
                     la luz que mi alma espera,

¿quién eres? ¿A qué veniste?
¿Qué furia infernal intenta,
para que me desespere,
incorporarse en tu lengua?

Caldeira   Enjambres andan de brujas,
que si no chupan, enredan.
Unas pican, y otras mienten.

(A Dominga que le acosa a alfilerazos.)

¡Ay pulga o chinche gallega!
¿De qué sirve taladrarme
las chatas circunferencias?
¡Ay! Juega limpio, picona.
¡Válgate el diablo por tierra!
¡Bercebú, que pare aquí!
¡Bruja tábana, está queda!
¡Vive Dios que me acribilla!
¡Ay! Una anca llevo abierta.

(Huye, y Dominga le va siguiendo.)

Álvaro   ¿Quién eres, hombre engañoso?

María   Quien sacándote la lengua,
piensa hacer a su venganza
hoy un convite con ella.
Yo soy quien como a su vida,
antes que a Limia vinieras,
amorosa regalaba
Mari-Hernández la gallega.
Olvidóme por quererte;
Mas ¿qué mucho, si a sí mesma

olvidó, por darte el alma,
que mudable menosprecias?
A darte la muerte vine,
guiado de mis ofensas,
movido de tus traiciones,
y ciego de mis sospechas.
Pero escuchando que injurias
a quien celebrar debieras
por amorosa, por firme,
ya, traidor, que no por bella,
olvidando mis agravios,
quiere la razón que vuelva
por los suyos, y que así
estime más mi firmeza.
Tu patria traidor te llama,
tus engaños lo comprueban,
tu rey airado te busca,
y a quien te dé muerte premia.
A todos eres odioso.
¿Quién duda que me agradezcan
todos juntos su venganza,
cuando tantos la desean?
Saca la espada cobarde,
si ya no tiene vergüenza,
ofendida como todos,
de salir a tu defensa.

Álvaro   ¡Oh bárbaro descortés!
Vive Dios, que antes que pueda
ver mis agravios el Sol,
tu muerte he de hacer que vea.

(Desnudan ambos las espadas. Salen don Egas y Vasco, hablando recata-
damente en el fondo.)

Egas   Éste, Vasco, es el palacio
              del conde, y éstas las cercas
              que le defienden y adornan.
              Para que ejecución tenga
              mi venganza, es necesario
              saber si el conde está fuera,
              o la parte donde habita.
              Aguardemos. Mas espera;
              que aquí parece que hay gente.

Vasco   Pues informémonos de ella
              de don Álvaro; que importa
              matarle antes que amanezca.

María   Mal, Álvaro ingrato y fácil,
              sabes el valor y fuerza
              de celos y agravios.

(Riñen Mari-Hernández y don Álvaro.)

Egas   Vasco,
              su amparo el cielo nos muestra.
              Éste es mi enemigo.

Vasco   Ponte
              al lado de quien desea
              darle muerte; y todos tres
              tu venganza haremos cierta.

(Empuñan don Egas y Vasco.)

Egas   Hidalgo, a daros ayuda
              nos obliga la destreza

de vuestro brazo, y las culpas
del traidor que os hace ofensa.

María

¿Traidor? Villanos, mentís;
que ese nombre no hay quien pueda
dársele, si quien le adora
y agravios de su amor venga.
Quien dice injurias amando,
más se enamora con ellas.
Yo se las puedo decir,
no vosotros. ¡Conde, mueran!

(Pásase al lado de don Álvaro, y hiere a don Egas.)

Egas

Fenecieron mis traiciones
y mi vida a un tiempo. ¡Ay ciega
Fortuna!

(Vase don Egas retirándose herido. Mari-Hernández le sigue.)

Vasco (Aparte.)

(¡Los pies me amparen!)

(Vase Vasco. Habla dentro Mari-Hernández.)

María

¿Quién eres?

Egas

Yo soy don Egas.
Llévenme donde declare
traiciones, que ya confiesa
entre mis labios el alma.

Álvaro

¿Hay confusiones como éstas?
El mismo que a darme muerte
viene, defenderme intenta.

Traidor me llama, y la vida
quita a quien así me afrenta.
¿Qué es esto, desdichas mías?

(Sale Mari-Hernández.)

María   Ya a palacio al traidor llevan,
donde declare verdades,
que han perseguido inocencias.

Álvaro   Si agraviaron tus palabras,
o tú, cualquiera que seas,
con las obras cautivaste
an alma a tus plantas puesta.
¿Quién eres, hombre animoso,
que das vida cuando afrentas,
que defiendes cuando injurias,
que cuando agravias, consuela?

María   Saca la espada otra vez,
mudable, y no me agradezcas
cortesías obligadas
del natural que me esfuerza.
Solo a darte muerte vine,
y no quiero yo que tengan
parte en mis venganzas otros
que así menos nobles fueran.
Traidores he conservado;
mudables ahora intenta
castigar mi justo enojo.
Saca la espada. ¿Qué esperas?

Álvaro   Obligada ya por ti,
justamente se corriera,

si vida que has defendido,
a tus pies no se rindiera.
¿Qué importan tus vituperios,
ai lo que dice tu lengua
han contradicho tus manos,
dgnas de alabanza eterna?

María

¡Vive Dios, si no la sacas,
que haciendo alguna vileza,
te dé muerte; aunque después
mis llantos hagan obsequias!

Álvaro

¿Luego muerto has de llorarme?

María

¿Pues qué cólera hay tan ciega,
que después que se ha vengado,
no dé muestras que le pesa?

Álvaro

Pues a trueco de obligarte
a que esta lástima tengas
de mi, doy mi muerte ya
por bien dada; pero sea
con condición que me digas
quién eres.

María

        Si yo quisiera
dártela, a ser noble tú,
te matara de vergüenza
solamente con decirte
mi nombre; mas considera
quién hay, si no es un celoso
que amó a un tiempo y aborrezca.

(Vase Mari-Hernández.)

Álvaro
¡Hombre con amor, y celos
por mí! Confusas quimeras,
en lugar de averiguaros,
más mi desdicha os enreda.
¿Amor y aborrecimiento?
Vive el cielo, que dijera,
a persuadirme imposibles,
que era la serrana bella
la autora de estos milagros.
Su voz confirma sospechas,
su valor las contradice,
y uno y otro me atormentan.
Sabré quién es este enigma,
por los cielos, si me cuesta
la vida que defendió.
¡Oh noche de engaños llena!

(Vase don Álvaro. Sale Dominga, acuchillando a Caldeira.)

Caldeira
Basta, fantasma, o lo que eres;
tengamos las manos quedas,
o riñamos de palabra,
como hacen las verduleras.
¡Callas, y das el porrazo,
que si no matas, derriengas!
¿Por qué me tratas así?
¿En qué te ofendió Caldeira?
¡Darle, y callar! ¿Quién te agravia?
Di una palabra siquiera.

Dominga
La mondonga.

Caldeira
¿Son celuchos?

¿Mas quién duda que lo sean?
Si otra vez la hablare más,
si diere causa a tu ofensa,
plegue a Dios que siendo calvo,
traiga postizas guedejas;
en humo tome el tabaco;
sílbenme, siendo poeta;
en comedias de tramoyas,
salgan mal las apariencias.
Yo me caparé, si gustas;
yo comeré, si deseas
que aborrezca a las mondongas,
los sábados de cuaresma.
¿Puedo yo prometer mas?

Dominga   La mondonga.

Caldeira   ¡Extraña tema!

Dominga   La mondonga.

Caldeira   Amondongada
ruego a Dios que el alma tengas.

(Tocan las campanas dentro.)

Pero ¿qué es esto? A rebato
toca la villa.

(Dentro.)

Voces   ¡Arma! ¡Guerra!
¡Que el portugués nos combate,
y escala ya nuestras cercas!

Caldeira (Aparte.)   (Aun peor está que estaba,
                          Si el airado rey nos entra;
                          pues según nos quiere mal,
                          ha de pringarme.)

Dominga   Agradezca
                          que sale gente, el guillote.

(Vase Dominga.)

Caldeira   Salga muy enhorabuena;
                          que según me mondongabas,
                          ya con el alma hacia cuenta.

(Vase. Salen el Conde y soldados castellanos.)

Soldado I   Manda acudir a los muros;
                          salga gente, si no intentas
                          que por Portugal tremolen
                          sus quinas en tus almenas.

Conde   Si el rey en persona viene,
                          abridle todas las puertas.
                          Suyo es cuanto yo poseo;
                          mis cortesías le venzan.
                          Abrid, ¿qué esperais? Abridle.

(Salen el Rey y soldados portugueses. El Rey habla a los suyos.)

Rey   Si el conde a los dos me niega,
                          meted a saco el lugar.

Conde   A vuestros reales pies llega

quien por huésped os recibe,
no por enemigo. Abiertas
las puertas del corazón,
como de esta villa, esperan
yo y sus vecinos a un rey,
cuyo príncipe concierta,
casando con nuestra infanta,
convertir en paz su guerra.

Rey

Conde, alzad, alzad del suelo;
que mi enojo os manifiesta
cuán justamente ofendido
de vos, a vengarse llega.
Mientras diéredes favor
al conde y a la marquesa,
no hay pensar que cortesías
han de moverme a clemencia.

Conde

Ellos y yo a vuestros pies
rendiremos las cabezas,
no obligados de las armas,
sino de la lealtad nuestra.

Rey

¿Leales son los traidores?

Conde

No los llama así don Egas,
que hiriéndole en nuestra villa,
no sé si su traición mesma,
confiesa insultos que espantan.
Él engañó a vuestra alteza
con firmas que contrahizo
contra toda la nobleza
de Portugal, por quien lloran
Berganza, Estremoz, la reina,

los nobles y los plebeyos.

Rey

    ¿Qué decís, conde?

Conde

             A su lengua
remito aquestas verdades.

Rey

    Si eso averiguo, experiencias
tendrá el mundo del castigo
que ya mi justicia apresta.

(Sale don Álvaro.)

Álvaro (Aparte.)

    (No he podido descubrirle.
¿Hay confusiones como éstas?)

Conde

    Llegad, conde, y a los pies
de vuestro invicto rey, sepa
la verdad volver por sí,
y ampáreos vuestra inocencia.

Álvaro

    Mi enemigo, gran señor,
satisfaga a vuestra alteza,
escuchando de su boca
las traiciones que confiesa.
Esta noche a darme muerte
entró, y los cielos ordenan
que sin conocer por quién,
acudiese en mi defensa
un hombre que no conozco,
si no es ya, señor, que, sea
algún ángel, que invisible
volvió por la causa nuestra.

(Sale doña Beatriz.)

Beatriz

Ya puedo llegar segura
a estos reales pies que besa
mi lealtad, si hasta hoy dudosa,
ya, gracias al cielo, cierta.
Don Egas, señor invicto,
sabiendo que vuestra alteza
está aquí, al rendir el alma,
desea en vuestra presencia
confesar traiciones suyas,
y pedirle perdón de ellas.

(Sale Mari-Hernández.)

María

¡Vala-me Deos! ¡Os mormullos
esta noite non me deijam
pegar os ollos! ¿Qué he isto?
¿Com quem temos rifa e guerra?

Conde

García, paso; que el rey
don Juan honra nuestra tierra.

María

¿O Rey? Pois os pes lle pido,
pois fidalgos se os bejam.
Si eu, gran señor, lle entregase
a quem den morte a Don Egas,
¿Qué lle fará?

Rey

                Premiaréle
tanto, que envidia le tengan.

María

¿Que non lle fará enforcar?

Rey
No es digna hazaña tan nueva
de tal paga. Mas ¿quién es?

María
Mari-Hernandez la gallega.

Rey
¿La serrana?

María
Sí, señor.

Rey
Llamalda.

María
Catai por ela.

Rey
¿Adónde?

María
Em aquesta cara,
que do conde os faz entrega
ora cumpri-me a palabra
de que ele meu dono seda,
e diga ele o que me debe,
pois vive por mí.

Álvaro
¿Hay fineza
de amor semejante?

Rey
Conde,
vasallo que en competencias
anda con su rey, es causa
de adversidades como ésta.
Mi palabra real he dado
de que será esposa vuestra
esta serrana. Cumplidla;
que si le falta nobleza,
yo se la doy desde aquí,

y de Barcelos condesa
la nombro.

Beatriz   Invicto señor...

Rey   Beatriz, con el de Olivenza
os habéis vos de casar;
pues ya que yo no os merezca,
no será razón que os goce
mi competidor.

María   Pois veña
a maon; que si sois fidalgo,
e sendo eu cristiana vella,
non perderám mossos fillos,
si lles derem encomendas.

(Salen Dominga y Caldeira.)

Caldeira   Dominguita de mis ojos,
conocíte. Celos deja,
y casémonos los dos.

Dominga   Non queiro, traidor.

Caldeira   ¿Non queira?

Álvaro   Caldeira, que está aquí el rey

María   Dominga, ya soy condesa,
y don Álvaro mi esposo.

Dominga   Pues si tú te casas, venga
esa mano, picarón.

María   Mari-Hernándes la gallega
               he sido en aquesta historia,
               senado, y Tirso el poeta.

               Fin de la comedia

Libros a la carta

A la carta es un servicio especializado para

empresas,

librerías,

bibliotecas,

editoriales

y centros de enseñanza;

y permite confeccionar libros que, por su formato y concepción, sirven a los propósitos más específicos de estas instituciones.

Las empresas nos encargan ediciones personalizadas para marketing editorial o para regalos institucionales. Y los interesados solicitan, a título personal, ediciones antiguas, o no disponibles en el mercado; y las acompañan con notas y comentarios críticos.

Las ediciones tienen como apoyo un libro de estilo con todo tipo de referencias sobre los criterios de tratamiento tipográfico aplicados a nuestros libros que puede ser consultado en Linkgua-ediciones.com .

Linkgua edita por encargo diferentes versiones de una misma obra con distintos tratamientos ortotipográficos (actualizaciones de carácter divulgativo de un clásico, o versiones estrictamente fieles a la edición original de referencia).

Este servicio de ediciones a la carta le permitirá, si usted se dedica a la enseñanza, tener una forma de hacer pública su interpretación de un texto y, sobre una versión digitalizada «base», usted podrá introducir interpretaciones del texto fuente. Es un tópico que los profesores denuncien en clase los desmanes de una edición, o vayan comentando errores de interpretación de un texto y esta es una solución útil a esa necesidad del mundo académico.

Asimismo publicamos de manera sistemática, en un mismo catálogo, tesis doctorales y actas de congresos académicos, que son distribuidas a través de nuestra Web.

El servicio de «libros a la carta» funciona de dos formas.

1. Tenemos un fondo de libros digitalizados que usted puede personalizar en tiradas de al menos cinco ejemplares. Estas personalizaciones pueden ser de todo tipo: añadir notas de clase para uso de un grupo de estudiantes,

introducir logos corporativos para uso con fines de marketing empresarial, etc. etc.

2. Buscamos libros descatalogados de otras editoriales y los reeditamos en tiradas cortas a petición de un cliente.

9 788411 262316